AF582488

VUELVO A TI

Erne Piera

VUELVO A TI

EDITORIAL
LETRA MINÚSCULA

Primera edición: diciembre de 2023
ISBN: 978-84-10177-20-8

Editado por Editorial Letra Minúscula
www.letraminuscula.com
contacto@letraminuscula.com

Para Fran, mi único «para siempre»,
porque con su voz curó mis alas
y con sus silencios me ayudó a volar.

Índice

No te rindas, aún estás a tiempo de alcanzar y
comenzar de nuevo,
aceptar tus sombras, enterrar tus miedos,
liberar el lastre, retomar el vuelo.

No te rindas que la vida es eso,
continuar el viaje, perseguir tus sueños...

MARIO BENEDETTI

VUELVO A TI

La voz llegó pronto, prácticamente desde el mismo momento en el que se subió en el autobús. Al principio era más amable, sin llegar a ser dulce, nunca lo era. «¡Qué rara eres, chica! ¿Qué necesidad tienes de hacer estas cosas? ¿Por qué no puedes estar en tu casa quietecita?» Después, cuando el autobús comenzó a alejarse, la voz empeoró. Ella intentaba ignorarla. A lo mejor, si no le hacía caso, se marchaba, desaparecía para siempre. Intentó centrarse en las paradas, para ir tachándolas con el lápiz, tal y como don Pelayo le había dicho. Pero a medida que pasaban los kilómetros todo empezaba a serle desconocido; ya no le sonaban los edificios ni las fachadas de las casas. Todo era nuevo para sus ojos, los únicos que en esta ocasión podrían servirle de ayuda. Solo si mantenía los ojos bien abiertos conseguiría regresar sin tener que dar explicaciones. El nudo que ahora tenía en el estómago, sin embargo, no era nuevo; aparecía siempre que decidía no hacerle caso a la voz, la misma que ahora, sintiéndose ignorada, le gritaba cada vez más. Hacía rato que había dejado de ser amable para comenzar a martirizarla: «Pero ¿tú que te has creído? No sabes hablar francés, no entiendes nada de árabe y ni siquiera sabes leer ni escribir bien en español. ¿Qué vas a hacer si te pierdes? ¿Cómo volverás a casa? Vas a tener que coger un taxi y te va a costar una fortuna, o tendrán que avisar a tus hijas para que vayan a recogerte. ¡Con lo ocupadas que siempre están! Eres una inconsciente. Ya verás cuántas molestias vas a causar, y todo por tu capricho de ver el mar». En el asiento de al lado una mujer la observaba con rostro aburrido; seguramente hacía aquel trayecto a diario y la excitación que sentía Josefa a ella se le esfumaba en la monotonía del día a día.

Apartó la voz de un manotazo, como quien aparta una mosca invisible, y decidió sustituirla por la voz de don Pelayo: «Tú eres muy válida, Josefa. Si te pierdes, seguro que te encontrarás. Yo confío en ti. Seguro que sabrás cómo resolver lo que se te presente». Repitiéndose estas palabras como un mantra, y aferrada al lápiz con el que iba tachando las paradas le fueron pasando los minutos y con ellos los kilómetros. Por fin, después de más de una hora de trayecto, llegaron a la playa. Se dio cuenta de que habían llegado porque el conductor, dándose la vuelta para buscarla con la mirada, le señalaba sonriendo la parada y con la mano la exhortaba para que bajara del autobús. Un rato antes, al subir, Josefa le había mostrado un trozo de papel que le había dado don Pelayo la noche anterior, en el que se veía un dibujo del mar con el nombre de una playa escrito en árabe. El conductor, al verlo, había asentido con la cabeza y le había dicho con gestos que se lo haría saber cuándo llegaran. Ahora el señor le decía que bajara. Ella señalaba el dibujo y preguntaba a la gente: «¿Mar? ¿Es aquí el mar?» Dos mujeres asentían con la cabeza y le señalaban la puerta del autobús con la mano para que bajara. Don Pelayo le había advertido de que tendría que andar un poco hasta poder llegar al mar, pues el autobús no entraba hasta allí. Comenzó a caminar y advirtió lo buen maestro que era ese hombre, pues le había dado tantos detalles de aquel camino que Josefa sentía como si hubiese pasado por allí un montón de veces. Cuando por fin vio el mar en la línea del horizonte, sus piernas comenzaron a caminar más deprisa.

Allí estaba esperándola, tal y como don Pelayo le había dicho, bravo y peligroso, pero extraordinariamente bello, el mar de Casablanca, el océano Atlántico, el mismo por cuyo amor pocos meses después perdería la vida.

PRIMERA PARTE

VALENCIA

Capítulo 1

—Que no Casimiro, que no. Yo de aquí no me muevo, no quiero ir. La niña es muy pequeña para viajar y tampoco sabemos lo que vamos a encontrar allí —dijo Josefa acomodándose la raída toca de lana marrón que llevaba sobre los hombros. El otoño se había adelantado ese año, obligándolos a sacar tocas y jerséis antes de tiempo.

—Claro que lo sabemos, allí encontraremos una vida mejor. ¿No quieres cambiar de vida, Josefa? ¿Es que tú no sueñas con una vida mejor?

—Pues no, a mí con esta me basta. Yo me conformo con la que tenemos aquí. Hay que ser agradecido, Casimiro. Nosotros vivimos mejor que muchos en este pueblo que ni siquiera saben lo que comerán mañana. Mira a mis padres, siempre con lo justo, casi malviviendo —dijo Josefa girando la cabeza para mirarlo a los ojos.

Dos días antes, Enrique había aparecido por el pueblo conduciendo aquel llamativo automóvil y los había sorprendido con esa propuesta que tantos quebraderos de cabeza les estaba causando.

—Nunca hemos salido de este pueblo, ¿no sientes intriga por saber cómo es el mundo de ahí afuera?

—Claro que sí, pero no es tan fácil dejarlo todo de un día para otro y marchar. Aquí no estamos tan mal, no tenemos una mala vida —dijo ella.

—¡¡¿Dejar qué?!! ¿De qué vida hablas? Aquí no tenemos vida, Josefa, no tenemos nada. Vivimos una vida prestada. Esta es la casa de mi padre, se hace siempre lo que él dice. Ni siquiera en la habitación tenemos intimidad, siempre hay alguien de por medio. Míranos, aquí en mitad del campo solo para poder hablar.

Habían salido a caminar por la vereda para alejarse de la casa llena de gente. Siempre salían a pasear cuando necesitaban intimidad para conversar.

—¿No te gustaría que tuviéramos nuestra propia casa? ¿No estás cansada de pasarte el día cocinando y lavando para mi padre y mis hermanos? Porque yo estoy harto de trabajar de sol a sol y no tener nada mío. ¿De verdad te gusta vivir así?

—Lo que me gusta es ver siempre la fresquera llena, dormir en un buen colchón. Me gusta saber que nunca nos faltará el plato de comida en la mesa, ni la leña para la chimenea en invierno, ni unos zapatos decentes ni un vestido nuevo cada año. Aquí tenemos más de lo necesario. ¡Pero si hasta bebemos café en las mañanas! ¡Café!

—Sé que vivimos bien, que tenemos más de lo necesario, ¡pero nada de esto es nuestro, Josefa! ¿No te das cuenta? Ya sé que aquí hay de sobra, pero todo es de mi padre, él es el dueño y señor, él lo controla todo, y yo quiero más, Josefa. La vida se puede vivir de muchas formas y yo quiero una mejor, o al menos una vida que sea mía.

—Lo que pasa es que te has dejado impresionar por el coche —dijo ella.

—El coche, el traje, la cartera... ¿Te has fijado en ese traje? ¿Y en la piel de los zapatos que lleva? Claro que me he dejado impresionar. ¡Si parece un artista! Vámonos, Josefa, por favor. ¿No te gustaría que tuviéramos nuestra propia casa? ¿Tener más vestidos?¿Poder ir los domingos al cine? ¿Que Rosa pueda ir al colegio?

—No necesito más vestidos, Casimiro, ya tengo suficientes. Y aquí también hay escuela. En cuanto crezca un poco más Rosa irá a la escuelita de doña Clara, yo me encargaré de que así sea. Quiero que aprenda a leer y a escribir —dijo Josefa con la mirada fija en el horizonte—. Mira esto, Casimiro, ¿no sientes algo especial cuando sales a labrar estos campos tan silenciosos? ¿No te llena de paz contemplar cada día todas estas tierras? Algún día tendremos nuestra propia tierra. ¿No era ese nuestro sueño? Nosotros somos gente de campo. ¿Qué vamos a hacer tú y yo en una ciudad?

—¿Qué? ¡¡Vivirla!! ¡Bailar en los guateques, ir al cine los domingos y tomar un vermut! ¡Lo que hace la gente en las ciudades! Los sueños pueden cambiar, Josefa, y las oportunidades hay que aprovecharlas cuando llegan. Mira todo lo que ha conseguido Enrique.

—Enrique ha tenido mucha suerte.

—¡¿Suerte?! Pues claro que ha tenido suerte, porque no dudó en buscarla. A la suerte hay que salirle al encuentro, Josefa —dijo Casimiro y, agarrándola por los hombros para mirarla a los ojos, le suplicó una vez más—: Por favor, Josefa, di que sí. Di que sí, presiento que esta es nuestra oportunidad.

—Es peligroso apuntar tan alto. Podría salir mal, Casimiro.

—¿No te das cuenta de que es al revés, Josefa? Es justo al revés; lo verdaderamente peligroso es apuntar bajo. Apuntar bajo y acertar. Si nos sale mal, siempre podemos volver, pero al menos lo habremos intentado.

—Lo siento, Casimiro, no puedo, no quiero ir —dijo ella bajando la mirada y apartándole con tristeza las manos de sus hombros.

Ese día no le dijo que volvía a estar embarazada y que en unos meses tendrían otra boca que alimentar.

Un año y medio después de esa conversación, Casimiro estaba muerto y la culpa por no haberle dicho que sí la acompañaría el resto de su vida.

Capítulo 2

Todavía era de noche cuando se despertó. Josefa siempre amanecía antes que el sol. Después de lavarse y asearse, salía disparada a la cocina, ponía el cazo de la achicoria al fuego y como cada mañana echaba de menos una buena taza de café. Mientras esta se calentaba, se preparaba el saco con la ropa sucia y la bolsita con el cepillo y la pastilla de jabón. Se tomaba una taza de achicoria, siempre bien caliente, incluso en los meses de verano la prefería así, y dejaba el resto en el cazo para su padre, que no tardaría en levantarse. Con el estómago calmado por aquel líquido negruzco y aprovechando el último sueño de las niñas, bajaba hasta el río para lavar la ropa, de modo que cuando por fin amanecía, la colada ya estaba tendida en la cuerda lista para que el sol la secara.

Por pronto que llegara a la rambleta siempre había alguna otra mujer más madrugadora. ¡En todas las casas había tanto que lavar! Las camisas sudorosas de los hombres del campo, los pañales de los bebés, los paños de la menstruación de las mujeres... todo se lavaba una y otra vez, hasta que la tela estaba tan raída que hacía imposible su uso.

Aquel día ya había tres mujeres cuando Josefa llegó.

—Buenos días —dijo dirigiéndose a todas.

Al sacar de la bolsa el trozo de jabón pensó que le alcanzaría justo para la colada de ese día. Tendría que entrar en la tienda de Mari más tarde, cuando acompañara a Rosa a la escuelita.

—Buenos días —contestaron todas.

—¿Cómo está Josefita? ¿Sigue tosiendo tan feo? —preguntó Amparo.

—No, no, ya casi no tiene tos y lleva dos días sin fiebre. Por fin esta noche hemos podido dormir —contestó Josefa.

—Bueno, con los niños es así, siempre a vueltas con los catarros, pero se recuperan pronto —dijo la otra mujer.

—Han sido las friegas en el pecho que le dio Amparo. Por eso la quieren tanto, porque siempre les alivia los males con sus remedios de bruja buena —dijo Josefa sonriéndole a Amparo con la mirada.

—¿Y tú? ¿Cómo estás tú?

—¿Cómo quieres que esté, Amparo? Son ya casi tres meses.

—¿Tampoco ayer trajo nada Matías?

—Nada —dijo Josefa con los ojos llorosos—. Él nunca se había retrasado tanto.

—¡Anímate, mujer! A lo mejor esta vez no encuentra a nadie para que se la escriba. Además, se rumorea que se están perdiendo muchas sacas; el correo anda muy mal estos días. Confía en tu Dios, Josefa, esa carta llegará. Ya no puede tardar, el día menos pensado llegará.

—¿Y tú qué? ¿Ha venido la roja a verte?

—No, por ahora nada —contestó Amparo sonriente y esperanzada.

Terminaron la colada casi en silencio, cada una pensando en lo suyo.

Al entrar en la casa encontró a su padre con la horca en mano, dispuesto a cambiar el heno a los animales. «Deje, padre, que ya los arreglo yo. Váyase un rato al campo si quiere, antes de que el sol esté demasiado alto. Hoy también se espera un día caluroso y usted mejor se queda después en la casa y me tiene cuenta de Josefita».

Cuando las niñas se despertaron, Josefa ya había arreglado a los animales y, como cada día, se dispuso a acompañar a Rosa a la escuelita de doña Clara. Tenían un rato de caminata, pues la casa de José era la última casa del pueblo y junto con la de los vecinos Francisco y Amparo, quedaban algo distanciadas del resto. Francisco, callado, huidizo y de pocas palabras, era el herbolario del pueblo. Se pasaba los días recolectando hierbas y especias para venderlas después por las casas. La miopía y su problema de corazón lo habían transformado en un hombre introvertido y tímido, y ahora en uno de los pocos hombres jóvenes que quedaban en el pueblo. En los meses de verano Amparo ayudaba a su marido vendiendo la horchata que ellos mismos hacían.

Aquella mañana, al pasar hacia la escuela la encontraron montando las jarras de horchata en el carrito.

—¡Tía! —gritó Rosa corriendo hacia ella para darle un abrazo.

Amparo se agachó para abrazar a la niña.

—Pórtate bien en la escuela y presta mucha atención a doña Clara para aprender pronto a leer y escribir —le dijo Amparo abrazándola también.

—Sí, tía, ya me sé de la «a» a la «u» y los números también —dijo la niña.

—Eso está muy bien, Rosa. A ver si dentro de poco nos lees tú las cartas de tu padre, y, además, recuerda que me tienes que escribir tú los carteles de la horchatería.

Ese era el sueño de Amparo, montar algún día una horchatería en el pueblo, como esas que veía en Valencia las pocas veces que acompañaba a su marido cuando este iba a por especias. El viaje en carro era de varias horas y, según el médico, no era bueno para Amparo ese traqueteo si andaba buscando un embarazo. De vuelta de la escuela, Josefa entró en la tienda de Mari y cambió una pastilla de jabón por dos huevos de los que habían puesto las gallinas esa mañana. Ya en la casa le dio el pecho a Josefita y se fue al campo con el arado. El sol despuntaba por el horizonte anunciando una hermosa y soleada mañana de abril. Josefa miró al cielo, ese cielo inmenso y silencioso que le cortaba la respiración cada vez que levantaba la mirada para lanzar la plegaria, siempre la misma plegaria cada día; siempre la misma, una y otra vez. Las mañanas se le iban volando entre ruegos y plegarias. Aunque el sol todavía no estaba demasiado alto el calor era apremiante, sacó el pañuelo del bolsillo de la falda para secarse el sudor de la frente cuando adivinó a lo lejos, en el otro lado del campo, la figura de un hombre. ¿Era Matías? No, no podía ser Matías, él nunca salía al reparto sin su sombrero de paja. Estaba todavía demasiado lejos, no podía verlo bien, pero a medida que la figura se acercaba, su corazón latía con más fuerza. Parecía llevar una bolsa. Sí, llevaba un bulto en la cadera. Era Matías. Era Matías, sin su sombrero, pero Matías. Ahora el corazón de Josefa latía ya completamente desbocado dentro del pecho. Con el sol en contra y sin el sombrero, Matías no alcanzaba a ver bien. Achinó los ojos para fijar la visión, gesto que Josefa confundió con una sonrisa. El hombre levantó un trozo de papel que llevaba en la mano a modo de visera, lo cual le hizo sombra en los ojos. Era la carta. Era la carta. Josefa lanzó el arado al suelo y corrió como alma que lleva el diablo a su encuentro. Por fin, ahí estaba la respuesta a todas sus plegarias.

Era un precioso y soleado día de abril, ni una sola nube teñía el azul brillante de aquel hermoso cielo. En aquel instante nada parecía presagiar la tristeza con la que iban a acostarse aquella noche los cuatro habitantes de la casa. Ni Josefa podía imaginar entonces que aquel día tan hermoso quedaría grabado para siempre en su memoria como el día más triste de su vida.

Capítulo 3

La llegada de Josefita no le hizo ninguna gracia a don Poncio. La casa se estaba quedando pequeña para tanta gente y, además, ahora tenían una boca más que alimentar. No corrían tiempos para traer hijos al mundo. España andaba dividida en dos. Todos los días llegaban al pueblo noticias de graves revueltas por todos los rincones del país. La gente en las ciudades vivía en constante agitación y se rumoreaba que el estallido de la guerra era inminente. Tres meses después del nacimiento de la niña, estaban los hombres faenando en el campo cuando uno de los jornaleros advirtió que Matías se acercaba y dio la voz de alarma. Ahí llegaba otra vez, como pájaro de mal agüero, el hombre al que nadie quería ver. Traía la tristeza en el rostro, pues se sabía portador de penas. Cuando comenzó a vociferar los nombres de ese día, el corazón de Casimiro empezó a latir con fuerza, cerró los ojos y apretó los puños contra el arado, intentando retener a la suerte, apresarla en sus manos un día más, pero esta vez la fortuna no quiso sonreírle y pronto escuchó a Matías pronunciar su nombre. Cuando se acercó para recoger la carta, el hombre le susurró una disculpa. Casimiro le sonrió con tristeza y firmó con una cruz en el lugar en el que el dedo de Matías le indicaba.

Ese día, durante el almuerzo, le comunicó a su padre que ya había recibido la carta. Su padre, rehuyéndole la mirada, dijo:

—Tenía que llegar. No pensé que serías de los primeros, pero sabíamos que llegaría.

—Cuídemelas padre, cuídelas por mí, que son lo único que tengo.

Su padre soltó un gruñido por toda respuesta y, sin decir palabra, salió de la habitación.

Esa misma noche, en la cama Casimiro le prometió a Josefa, que no conseguía dejar de llorar, que nunca le faltarían noticias. Dondequiera que fuese encontraría a alguien para que le escribiera las cartas, alguien con quien mandar recado de que seguía vivo. Le dijo que la guerra duraría poco y que pronto volvería a casa con ella y con las niñas. Esa noche hicieron el amor sin prisas, como si tuviesen todo el tiempo del mundo, descubriendo en sus cuerpos caricias nuevas y sorprendiéndose uno al otro con una ternura desconocida hasta entonces para ambos. El amanecer los cogió llorando abrazados y preguntándose si tal vez aquella había sido su última noche.

Más tarde, cuando Casimiro, después de besar a sus hijas, que todavía dormían, cogió el petate y salió de la casa para montar en la tartana que ya le esperaba en la puerta, Josefa sin dejar de llorar, lo abrazó por última vez, aspiró el olor de su marido, intentando aprehender ese olor, retenerlo en su memoria, para traerlo de nuevo a su vida cada vez que durante su ausencia se sintiera morir.

No habían pasado ni tres días desde que su hijo marchara al frente cuando don Poncio le comunicó a Josefa que ella y las niñas tendrían que irse de la casa. Con una boca más y un jornal menos las cuentas no le salían, y precisamente ahora, en tiempos de guerra, uno tenía que ser prudente y sensato con sus posesiones. Josefa no podía creer lo que su suegro le estaba diciendo. Sabía que era un hombre calculador, pero nunca imaginó que aquel hombre rudo fuese tan despiadado. Mandó recado a su padre con una vecina del pueblo y se dispuso a recoger sus cosas. A las dos horas José estaba en la puerta de la casa de don Poncio con el carro que Francisco, su vecino el herbolario, le había prestado. Dos días antes, en una de sus visitas a Valencia, una de las ruedas de su carro se había quebrado y todavía no habían podido repararla. Cuando Francisco vio a su vecino partir andando a la casa de don Poncio para ayudar a su hija y a sus nietas con el traslado, le pidió que esperara. «¿Cómo van a venir andando, hombre? Ayúdeme a vaciar el carro e iremos con el mío a recogerlas». José, agradecido, ayudó a Francisco a descargar los sacos de especias y juntos partieron hacia la casa. La madre de Josefa había fallecido un año antes de forma repentina; una mañana de invierno José entró en el corral para cambiar el heno de las gallinas y la encontró muerta en el suelo. Aunque era él el que andaba, desde hacía años, delicado de salud, su mujer le precedió en la partida. Los primeros días José pensó que también él moriría pronto, pero pasaron los meses y se dio cuenta de que, a pesar de todo, seguía vivo. Josefa, que iba a visitarlo todos los domingos y siempre que las obligaciones se lo permitían, algunas veces, a escondidas de su suegro, le llevaba pucheros y guisos para la semana, pero él siempre le insistía en que sabía cuidarse solo y no quería preocuparla; le aseguraba que tenía todo lo necesario y que, además, cada vez necesitaba menos para vivir.

Cuando Amparo le trasladó a José el recado que le mandaba su hija, este no pudo sino salir corriendo en busca de ella y de sus nietas. La decisión de su consuegro no le sorprendió, don Poncio era un hombre justo sin llegar a ser tacaño, pero era mucho más calculador y duro de corazón. José lo conocía bien y sabía lo que se decía de él en el pueblo. En su casa entraban muchos jornales que él administraba sabiamente para que a nadie nunca le faltara nada, y, aunque nunca aprendió ni a leer ni a escribir, sabía llevar las cuentas de cabeza; hacía los cálculos sin necesidad de números ni matemáticas. En su casa se vivía holgadamente, sin llegar al despilfarro, pero ahora que tres de sus hijos estaban en el frente y otros dos en el otro lado del mundo don Poncio veía cómo los jornales se reducían y no dudó en tomar decisiones, por muy desagradables que estas fueran. Su mujer, que nunca había tenido ni voz ni voto en aquella casa, con ojos llorosos ayudó a su nuera a recoger sus cosas. La animó a que se llevara todos sus vestidos, pues suyos eran, y también la cuna de Josefita, porque si su marido se atrevía a decir palabra, ella estaba dispuesta a soltarle alguna prenda por primera vez en su vida. Casimiro era también su hijo y trabajó para esa casa hasta el último día antes de marchar al frente. Pero don Poncio nunca protestó por lo que Josefa se llevó al marchar; él se quitaba tres bocas de encima y eso era todo lo que entonces le importaba.

José y su mujer no habían tenido un jornal en su vida, aunque nunca habían pasado necesidad. Vivían como podían del campo de naranjos y de un trozo de tierra que tenían, donde plantaban verduras y criaban algunos animales. Ahora, con la ayuda de su hija, José conseguiría revivir la plantación y, quién sabe, tal vez cuando volviera Casimiro del frente hasta podrían comprar más gallinas o ampliar la plantación de clementinas.

Capítulo 4

Cuando Josefa llegó donde estaba Matías y alcanzó a verle la cara, supo que no era esa la carta que estaba esperando. Esta vez el hombre no sonreía y le tendió la carta con tanta tristeza que ella entendió que tampoco era esa la carta que él hubiese querido entregarle. Ella no sabía leer ni escribir, pero cuando vio el telegrama en las manos de Matías, brotó tal quejido de su garganta que su padre, al oírlo, salió de la casa con Josefita en brazos a toda prisa y, al ver a su hija postrada de rodillas junto a Matías con aquel llanto tan desgarrador, tuvo la certeza de que Casimiro nunca volvería.

A Josefa no le hizo falta llegar a la escuelita de doña Clara para saber lo que ponía en aquel escueto trozo de papel, Matías mismo se lo leyó, solo unas palabras de condolencia, lamentando el fallecimiento de su marido en la batalla del Ebro y comunicándole el entierro de su cuerpo en la fosa común durante los entierros del ocho de agosto en Villafranca del Penedés.

Desde aquel instante y hasta el último día de su vida, la culpa por aquella muerte la acompañaría en cada minuto de cada uno de sus días. La pregunta era casi constante, se repetía en su cabeza una y otra vez: ¿Por qué dijo que no? ¿Por qué se negó a ir? ¿Por qué? ¿Quién era ella para decidir? Claro que ella no fue quien lo mandó a luchar en aquella guerra absurda ni mucho menos quien apretó el gatillo, pero ¿es solo el asesino el que aprieta el gatillo? ¿Acaso no es más criminal el que mata lentamente, cortando alas, barriendo sueños, borrando esperanzas? A veces piensa que cuando aquella bala entró en su cuerpo, él ya estaba muerto, de la forma en la que lo están las personas sin sueños. Ella y solo ella, con su negativa a irse, logró mandar al frente a un hombre sin anhelos, sin ambiciones; un hombre triste, vencido; un hombre derrotado. Si hubiese accedido, si se hubiesen marchado cuando él se lo había pedido, ahora él estaría vivo. Esa idea la atormentó sin descanso durante toda su vida y la acompañó hasta el último minuto de su inesperada muerte, cuando soñaba reencontrarse con él solo para decirle que sí, «sí, Casimiro, vayámonos».

Capítulo 5

Los días siguientes a la recepción de aquel telegrama siempre fueron un vacío en la memoria de Josefa, jamás pudo recuperarlos, los vivió sin consciencia, sin saber que estaba viva. Por Amparo supo más tarde que, aunque su corazón ya nunca fue el mismo, sus días en nada cambiaron, pues en la madrugada del día siguiente, cuando Amparo bajó a la rambleta, la encontró allí, madrugadora como siempre, frotando con rabia paños y pañales, incapaz de controlar aquel llanto silencioso con el que trataba sin conseguirlo de alejar toda aquella pena. La noticia de la muerte de Casimiro corrió sin descanso por todo el pueblo y en menos de dos horas la casa de José se llenó de gente. Todos los vecinos del pueblo pasaron a darle el pésame a la nueva viuda, que tuvo que aguantar lágrimas de plañideras y corrillos de vecinas hasta bien pasada la medianoche.

—Pero ¿qué haces aquí, mujer? Deberías de quedarte hoy en la casa con las niñas y descansar.

—Yo no quiero descansar, Amparo, quiero que vuelva a ser ayer y estar aquí contigo llorando porque no llega la carta, quiero pasar el resto de mi vida esperando la carta —contestó sin dejar de llorar.

Amparo soltó el capazo que traía con la ropa sucia y abrazó a su amiga, llorando también, llorando por su amiga que, con veintisiete años, estaba viuda con dos niñas pequeñas y un padre enfermo, pero llorando también por ella, pues también ella había recibido malas noticias. Al despertar aquella mañana había encontrado a la roja en su cama, tumbada sigilosa entre las sábanas, arrasando a su paso con toda su ilusión. Otra vez un no. Una negativa más, otro rechazo, esto no es para ti, tú no sirves para esto. Una vez más, la decepción.

Josefa, que no dudaba del amor de su amiga, pronto entendió que aquel llanto tan desgarrador no era solo por la pérdida de Casimiro.

—A ti te ha venido la roja, ¿verdad? —le preguntó mirándola a los ojos.

Amparo asintió con la cabeza y otra vez se fundieron las dos mujeres en un nuevo abrazo. Terminaron la colada en silencio, acompañadas solo por el murmullo del río y el triste sonido de sus llantos. Al cabo de un rato Amparo se levantó y, sonriendo con tristeza, le dijo a su amiga: «Volvamos a la casa, Josefa, que si seguimos así, vamos a hacer que suba la marea».

Con el paso de los días, Josefa descubrió que después de todo es posible sobrevivir con un corazón que ya no late, comprendió que se puede sobrevivir sin vivir y que algunas veces para poder vivir hay que aprender primero a sobrevivir, pues solo a eso pueden aspirar un cuerpo sin esperanzas y un corazón en pedazos. Los días llegaban y se iban, le pasaban por encima como una manta pesada en verano. Aguardaba las noches con desesperación, con el mismo empeño con el que antes aguardaba las cartas de Casimiro, pues solo en el sueño encontraba el bálsamo capaz de reparar su maltrecho corazón, unas horas de ausencia alejada del mundo, unas horas sin dolor. Como las parteras que encuentran alivio entre contracción y contracción, Josefa encontraba en las noches el ungüento, la pócima que necesitaba para afrontar al despertar un nuevo día.

Ocupada en sobrevivir, empezó a hacerse a la idea de que jamás volvería a ver a aquel rostro que tanto la enloquecía, no volvería a verse reflejada en aquellos ojos negros que la cautivaron siendo solo una niña ni se perdería en aquella boca suave para encontrarse después entre los brazos de su hombre; Casimiro nunca volvería, tampoco llegarían más cartas, ya no había nada que esperar. Aquel hombre bueno, lleno de vida y de ganas que siempre soñó con la posibilidad de una vida mejor, no volvería jamás, tampoco su cuerpo, pues ni unos huesos le entregaron que pudiera enterrar, unos huesos a los que llevar flores y junto a los que poder llorar. Los restos de su amor quedarían abandonados para siempre junto con los de doscientos sesenta y ocho hombres más en la fosa común de Villafranca del Penedés.

Y así, arando campos, criando gallinas y lavando paños en el río, pasaron los meses y después los años, y aquel dolor tan cercenante por fin un día comenzó a remitir.

Capítulo 6

El 1 de abril de 1939 solo había dos aparatos de radio en el pueblo de Josefa. Uno estaba en la casa de su suegro, lo había traído su hijo Enrique la última vez que apareció con aquel automóvil tan llamativo. El otro lo tenía Pepica, la del estraperlo. Unos meses antes de que estallara la guerra, la madre de Pepica había fallecido de tuberculosis y su hermana Dora, que vivía en París, vino para el entierro cargada de regalos para todos: chocolatinas para su sobrina, una radio para su cuñado y una barra de labios rojo fuego para Pepica. Cuatro años después, aquel pintalabios que tantos suspiros y envidias despertó entre las más jovencitas del pueblo, seguía guardado en el fondo del cajón de la cómoda, escondido entre la ropa interior, esperando su momento. Pepica lo guardaba para una ocasión especial, pero la guerra había acabado con todas las ocasiones especiales. No ocurrió lo mismo con la radio, que, junto con la de don Poncio, se convirtió en el aparato más usado del pueblo. En ambas casas las noticias sobre la guerra se seguían con interés y los pocos vecinos que quedaban se reunían cada día en torno a aquel aparato en espera de nueva información. Después de la batalla del Ebro, en la que don Poncio había perdido dos hijos y que se recordaría para siempre como la más sangrienta de aquella guerra, el bando republicano estaba ya muy debilitado.

—A esta guerra no le queda nada, Amparo —le dijo Francisco entrando en la casa para descargar los sacos de las especias sobre la mesa de la cocina.

Francisco traía noticias frescas de Valencia cada vez que iba a comprar o a vender hierbas y especias. Esta vez los rumores de que la guerra estaba llegando a su fin eran muy fuertes; hacía meses que se comentaba que el bando republicano estaba herido de muerte.

—Ojalá sea cierto y acabe pronto esta guerra absurda —contestó Amparo cortando las patatas que estaba preparando para la cena.

—En Valencia dicen que el general Yagüe ha entrado en Barcelona como Pedro por su casa. Muchos se están marchando a Francia. Esto ha terminado, es cuestión de días para que los nacionales lleguen a Madrid.

Francisco no se equivocaba, el veintiocho de marzo, apenas unos días después de aquella conversación, Franco había entrado en Madrid. El final era inminente. Tres noches después, los vecinos se amontonaban alrededor de las dos únicas radios del pueblo, nadie quería perderse la noticia. Los que no cabían en la casa se arremolinaban formando corrillos en mitad de la calle, en espera de que alguno de los oyentes saliera para proclamar la noticia. A las diez y media de la noche, desde Radio Nacional de España se escuchó la voz enfática del actor y locutor Fernando Fernández de Córdoba. Todos los presentes, con la respiración contenida, escucharon el que sería el último parte de guerra y el único firmado por Franco: «En el día de hoy, cautivo y desarmado el ejército rojo, han alcanzado las tropas nacionales sus últimos objetivos militares. ¡La guerra ha terminado!». La noticia fue acogida con alegría por los dos bandos. La gente de los pueblos quería vivir en paz. En casi todas las casas había que lamentar alguna pérdida. Las mujeres estaban cansadas de llorar por sus maridos e hijos, cansadas de una guerra absurda y vacía que a nada conducía.

De todos los hombres que marcharon al frente fueron pocos los que volvieron ilesos, y los que lo hicieron volvieron cambiados, la guerra los transformó en hombres diferentes, muy distintos de los que partieron, pues cuando los ojos han visto cosas que nunca antes vieron, el corazón siente cosas que nunca antes había sentido. Aquellos hombres habían visto demasiadas cosas y ya nunca fueron los mismos.

Capítulo 7

—Sabes que te lo devolveré, ¿verdad, Amparo? —le dijo Josefa cogiendo el saquito de ganchillo con las pesetas.

—Claro que lo sé, siempre lo haces. Por eso te lo dejo tan tranquila —le dijo Amparo apagando el fuego, y envolviéndose la mano con la esquina de su delantal para no quemarse, agarró el cazo por el mango.

—En cuanto pueda te devuelvo algo, aunque sea un poco.

—Yo todavía no lo necesito, Josefa. Lo de la horchatería todavía está muy lejos, y mira, mejor que lo tengas tú, así seguro que no me lo roban —dijo sirviendo la hierba luisa en los dos vasos que esperaban en la mesa. Devolvió el cazo al fogón y se sentó frente a su amiga.

—Ojalá la cosecha sea tan buena como la de hace dos años y pueda devolverte un poquito de más por los intereses, porque si sale igual que la última, no sé qué haremos, Amparo, me alcanzó muy justo para devolverte lo que nos dejaste.

—Algunos hombres dicen que nunca hay dos cosechas malas seguidas. Seguro que la próxima será mejor, pero ya te lo dije, Josefa, yo no quiero ningún interés, el dinero en la lata no hace nada.

Un año más Josefa había tenido que pedirle dinero prestado a su amiga para los gastos de la siembra. Después de la cosecha, con lo que sacaba de la venta se lo devolvía, pero con lo que quedaba casi nunca alcanzaba para vivir.

—Eres mi ángel. El mío y el de las niñas.

—¡Qué ángel ni ángel! Solo te dejo el dinero. Esa es la parte más fácil, Josefa, lo difícil lo haces tú solita.

—No sé qué haríamos sin ti —contestó Josefa pensativa.

Amparo sonrió con tristeza, apretando el brazo de su amiga por encima de la mesa en un intento de transmitirle ánimo, y le dijo:

—Saldrás adelante, mujer. Eres valiente y trabajadora. Y las niñas ya son dos mujeres tan valientes como tú. ¡Las veo tan ilusionadas con lo de Carmen!

—Sí, ellas no se quejan, pero a mí se me rompe el corazón de ver que se pasan el día encerradas en ese cuarto cosiendo y no tienen nada. Y menos mal que Carmen también cogió a Josefita. Tuvimos mucha suerte, porque si ya estábamos mal, ahora con las medicinas de mi padre no alcanza ni para comer. Por lo menos con lo que saca Josefita después de descontar los plazos de la máquina podemos pagarle al niño de Alfredo, pero así no podremos aguantar mucho tiempo, Amparo. Yo sola no puedo y tampoco podemos seguir pagando jornales.

—¿Suerte? Suerte la que ha tenido Carmen, que desde que Fita entró tiene como clientas a todas las ricachonas de Valencia. Carmen no coge a cualquiera, si la cogió es porque sabe que esa niña tuya, además de trabajadora y mañosa, tiene mucha imaginación. Es ingeniosa y tiene muchas ideas para nuevos modelos. Carmen no es boba, sabe que nuestra Fita sirve para esto y a la vista está, que con la que está cayendo, la mitad de Valencia pasando hambre primero por la guerra y ahora por la posguerra, ella ni lo nota, tiene más trabajo que nunca. Debería de pagarle el doble; la tiene todo el día cosiendo y, además, le roba las ideas.

Josefa asintió con la cabeza y, después de tomar otro sorbo de la infusión, dijo:

—Sí, sí, la verdad es que ideas no le faltan. ¿Te acuerdas cuando nos dijo que le gustaba ir a Valencia con el abuelo porque allí cogía las ideas para los vestidos de sus muñecas?

—¿Que si me acuerdo? ¡Si era una cría! Casi no sabía ni hablar y nos dijo que las mujeres de allí eran más elegantes —contestó Amparo.

—¿Elegantes? Pues ahora dice que son más modernas y que le gustan porque llevan las uñas y los labios pintados de rojo, y que ella el año que viene, que ya tendrá trece, también piensa hacerlo. Miedo me da esta hija mía. Rosa siempre ha sido una niña más tranquila, pero esta pequeña es un culo inquieto, demasiado atrevida, no le teme a nada.

—Ella sigue con la ilusión de irse, ¿no? —preguntó Amparo.

—Claro, es como su padre, idealista y soñadora —dijo Josefa cambiando el semblante—. Su cabeza siempre está en otro sitio, en mundo lejano, fuera de este pueblo. Cuanto más la miro, más veo en ella a Casimiro. Si fuera por ella, nos iríamos mañana mismo, pero no podemos dejar a mi padre solo, y él no puede viajar. Últimamente, cuando vuelve de Valencia llega ya muy cansado. Ayer Josefita se enfadó; era su día libre, pero mi padre no la despertó para ir a Valencia porque salió demasiado temprano para evitar el calor. Estas ultimas semanas, he notado que se fatiga demasiado, y él dice que el calor del mediodía le sienta peor.

—¡Uff! ¡Me imagino cómo se habrá puesto, con lo que le gusta a ella ir a Valencia con su abuelo!

—Está loca con Valencia. Dice que pasear con el carro por allí es como mirar una revista o como ir al cine. ¡Menos mal que adora a su abuelo y no consentiría que lo dejáramos aquí solo! Porque si no, haría más de un año que estaríamos en Casablanca. Desde que vino Enrique para el entierro de mi suegro, Fita no piensa en otra cosa. Cuando mi padre está delante, no dice nada, pero cuando él se va, no habla de otra cosa. Enrique le dijo que Casablanca era todavía mejor que Valencia, y cuando le enseñó la foto de las primas con esos vestidos de seda tan bonitos, la dejó prendada para siempre.

Josefa se guardó el saquito con el dinero en el bolsillo de la falda y se terminó la infusión.

—¿Y vosotros cómo vais? ¿Cuándo llegan los resultados de las pruebas? —preguntó Josefa cambiando de tema.

—Seguramente en dos semanas, porque se tienen que mandar a Madrid. Ya sabes, estas cosas siempre se alargan demasiado.

—¿Paco está nervioso? —preguntó Josefa.

Amparo bajó la mirada y, planchando con la mano las arrugas del mantel, contestó:

—¿Cómo no va a estarlo? ¡Con la ilusión que nos hace! Especialmente a mí. Y ahora que sabemos que yo no tengo ningún problema, él está más asustado. Anoche me dijo que él no quiere que me acueste con otro hombre, pero que si el problema está en él, tendrá que reconsiderarlo.

—¿De verdad dijo eso? —preguntó Josefa abriendo sus ojos de par en par.

—Sí. Él sabe que es mi ilusión, dice que si no puedo ser madre por su culpa, él nunca se lo perdonaría. Pero si yo me acostara con otro, ¿él me lo podría perdonar? ¿Sería capaz de querer a ese niño sabiendo que no es suyo?

—¿Y por qué no adoptáis? Vosotros ahora tenéis dinero, podéis pagarlo.

—El dinero que tenemos es para la horchatería, ese es nuestro sueño. Si adoptáramos un niño, gastaríamos más de la mitad. Adoptar es muy caro, Josefa, no sé. Además, Paco dice que si yo soy fértil, si puedo concebir, como dice el médico, ¿por qué tenemos que adoptar? Por lo menos yo sería la madre biológica. Uno de los dos es mejor que ninguno. Pero es una decisión tan difícil.

—Bueno, tendréis que esperar a ver qué dicen esas pruebas. Pídele ayuda a la Virgen Amparo —dijo Josefa.

—¿Y qué le pido, Josefa? ¿Que salgan bien o que salgan mal? No sé qué es lo que quiero que digan esas pruebas, qué es lo que prefiero, porque si los dos estamos bien, entonces, ¿por qué no llegan los hijos, Josefa? Ya son trece años. Pero si las pruebas salen mal, si Paco no puede ser padre, entonces se nos acaba la esperanza.

—Pídele un niño, Amparo, tú solo pídele un niño, que nacimiento y mortaja del cielo baja. ¿Qué más da la forma en la que te llegue? Aunque te lo dejen una noche en la puerta de tu casa, solo pide un niño. Dios tiene sus planes para ti; pídele que te los muestre.

Ay Josefa, con lo que te ha hecho sufrir a ti ese Dios y tú sigues creyendo en sus planes —le dijo Amparo con tristeza.

—No ha sido Dios quien me ha hecho sufrir, a Casimiro lo mató una bala. Es esta vida, este mal reparto de todo, Josefa. Yo prefiero verlo al revés: no sé cómo podría soportar todo lo que soporto sin mi Dios. Él me da fuerza para seguir cuando yo sola no puedo hacerlo. Elijo creer en Él para no sentirme tan sola.

Su amiga le sonrió y se levantó para acompañarla a la puerta. Se despidieron con un abrazo.

De camino a casa, Josefa, como siempre hacía cuando caminaba sola, miraba al cielo mientras rogaba a su Dios para encontrar el viernes en Valencia una buena simiente con la que sembrar el mes que viene, unas semillas que le dieran una buena cosecha. Poco sospechaba en ese momento que el dinero se lo devolvería en unas semanas y que la cosecha de aquel año no sería ni buena ni mala, porque aquel año no habría cosecha.

Capítulo 8

Cuando Josefa llegó a casa y encontró a su padre sentado en el sillón, supo que algo no iba bien.

—¿Qué le pasa, padre? ¿No se encuentra bien?

Su padre no contestó. Josefa, alarmada, rodeó el sillón y, al acercarse, vio que tenía la mirada perdida y de la boca entreabierta un hilo de saliva se deslizaba hacia la barbilla. Al ver aquello, Josefa salió disparada hacia el centro del pueblo en busca del médico. Amparo al verla pasar como alma que lleva el diablo salió tras ella.

—¡¡¡¿Qué pasa, Josefa?!!!

—¡¡Mi padre, Amparo, es mi padre!! —le gritó Josefa sin dejar de correr.

Amparo se metió la llave en el bolsillo del delantal y se fue presurosa a casa de su amiga. Al ver a José en aquel estado, le puso un cojín detrás de la cabeza y con un paño húmedo le limpió las babas. Cuando llegó Josefa con el médico casi media hora después, José había vuelto en sí. Amparo le estaba aplicando paños húmedos en la frente y en las muñecas, y le daba de beber pequeños sorbos de una infusión de hierbas que le había preparado. Vio que su padre tenía otro aspecto: sus mejillas habían recuperado el color y parecía saber dónde se encontraba. El hombre aseguraba que estaba bien, que solo había sido un desvanecimiento. El médico comenzó por tomarle la tensión y pidió a las mujeres que lo ayudarán a tumbarlo en la cama para poder seguir con la exploración. Cuando terminó de examinar a José, le recetó una medicación y se marchó.

—¿Por qué has traído al médico? Nosotros no podemos pagar doctores. Ya está bien de médicos y medicinas caras. ¿Cómo vamos a pagarle? Todavía estamos pagando la visita de la última vez —protestó José mirando seriamente a su hija.

—No se preocupe ahora por eso, padre, Amparo me dejó el dinero para la siembra y, además, las gallinas están muy ponedoras estos días.

—Ese no quiere cobrar con huevos, quiere dinero y nosotros no tenemos. El dinero que te dio Amparo lo guardas, yo me tomaré estos días la infusión que ella me ha dado, nada más. Ni se te ocurra comprar esas medicinas.

Los días siguientes José se veía muy débil. Amparo le traía las hierbas y le preparaba las infusiones que lo aliviaban por un rato, pero cada día se sentía más fatigado. La mañana del miércoles siguiente, cuando Fita y Rosa se estaban aseando para ir a casa de Carmen, José se llevó la mano al costado y se dejó caer en el sillón. Josefa se acercó preocupada y les dijo a sus hijas que esperaran un rato con el abuelo, que iba a buscar al médico, pero José, al escucharla, la agarró de la muñeca con tanta fuerza que casi se la partió.

—Tú no vas a buscar a nadie, sé que ha llegado mi hora, hace tiempo que lo sé, y no me da la gana de que lo poco que puedo dejaros se lo quede ese médico.

—Pero, padre, no puedo verlo así, no tiene por qué sufrir. Quizá el médico pueda aliviarle el dolor.

José, sin soltar la muñeca de su hija, le pidió que se sentara a su lado.

—Escúchame —le dijo su padre—, no quiero que siembres nada. Vende la tierra, Josefa.

—¿Cómo? ¿Qué dice, padre? —dijo Josefa, incapaz de creer lo que su padre le pedía.

—Cuando yo me vaya, vende la tierra, la tierra y la casa, devuélvele a Amparo el dinero y marcharos de aquí. La tierra véndesela a Alfredo, él te la pagará bien, me lo prometió.

—Pero ¿cómo podría venderla, padre? Esta es su tierra, es lo único que tenemos —dijo Josefa acariciando la mejilla de su padre con la suya.

Fita y Rosa lloraban arrodilladas frente al sillón sin alcanzar a entender tampoco lo que su abuelo pretendía decirles.

—Cierto, tú lo has dicho, esta es mi tierra, y no quiero que sea la vuestra, quiero que sea vuestro pasaje para una vida mejor. Véndela y marcharos. Sé que estáis esperando a que yo muera, que no os habéis ido antes por mí, pero siento que ha llegado mi hora.

Josefa no quería escuchar lo que su padre le estaba diciendo. Jamás pensó que pudiera pedirle algo así. Lo había visto vivir toda su vida pendiente de aquel pedazo de tierra, siempre atento a las lluvias, siempre alerta con los ojos en el cielo, pendiente de cada nube y de la dirección del viento, cuidando cada brote y bendiciendo con orgullo cada cosecha.

Aquel era su trocito de mundo y ahora le estaba pidiendo que lo abandonara.

—Vete, Josefa, no te aferres a la tierra, ni a esta ni a ninguna. El mundo es para los valientes. Sé que ellas se irán, pero tú dudas demasiado y eres capaz de quedarte. No lo hagas, debes marcharte. Vete con tus hijas. Aquí nada te retiene ya. Todavía eres joven y puedes conseguirte una vida mejor. Enrique os ayudará a estableceros, es listo y calculador como su padre, pero tiene buena entraña, sacó el corazón de su madre, de su mano podréis empezar otra vez y conseguir la vida que os merecéis y que yo no he podido daros.

Capítulo 9

Francisco no consintió que gastaran dinero en un taxi o en billetes de tren, e insistió en acompañarlas con el carro. Le decía a Josefa que de paso aprovecharía para buscar allí unas especias que desde hacía meses no conseguía encontrar en Valencia. Sería más incómodo y tedioso, pero tenían que ahorrar hasta la última peseta, los pasajes habían salido muy caros y con lo que les había sobrado de la venta de la casa, la tierra y los muebles, solo les alcanzaría para vivir algunos días. El tío Enrique les había alquilado un tercer piso de dos habitaciones en un edificio donde todos eran españoles. Él y su mujer, Michelle, las ayudarían a instalarse y a encontrar trabajo, pero Josefa no quería ser una carga para ellos ni comprometerlos más de lo necesario, ya tenían suficiente con tres hijos de los que ocuparse.

En Casablanca Enrique tenía una de las empresas más prósperas dedicadas a la fabricación y exportación de telas.

Desde muy joven había entendido que su futuro no estaba en la agricultura, él nunca sintió ese amor por la tierra que parecían sentir su padre y sus hermanos, por sus venas corría un afán de libertad que le hacía percibirse diferente, lo movían otras inquietudes que nada tenían que ver con el arroz o los naranjos, soñaba con volar lejos, donde no pudieran darle alcance las normas de su casa ni los mandatos de don Poncio. El tamaño de sus sueños era tan grande que pronto tuvo la certeza de que nunca cabrían en un pueblo tan pequeño. Desde que aprendió a leer, leía todo aquello que caía en sus manos, y leyendo descubrió que existían otros mundos y otras formas de vida más allá del pueblo y de las tierras, otras formas de vivir que él ansiaba conocer. Le intrigaba descubrir las distintas culturas, y desde muy joven su mayor anhelo había sido viajar. Tanto él como sus hermanos aprendieron a labrar las tierras casi antes que a caminar. Desde muy niños, en cuanto salían de la escuela, cogían el arado y bajaban a los campos para unirse a su padre y al resto de los jornaleros. Durante las vacaciones de verano y en las temporadas de mayor trabajo, dejaban de ir a la escuela para trabajar en la cosecha. Don Poncio se henchía de orgullo viendo trabajar a sus hijos con tanto ahínco y, siendo todavía unos niños, les pagaba ya un pequeño salario en un intento de motivarlos. Quería que supieran todo lo que la tierra podía ofrecerles, transmitirles su amor por la tierra y por el dinero que esta les daba.

A los trece años de edad, cuando Enrique terminó el graduado escolar, le confesó a su padre que quería seguir estudiando.

—¿Seguir estudiando? ¿Para qué?

—Para aprender cosas, padre. Quiero estudiar una carrera, ser alguien en la vida —dijo Enrique.

—¿Ser alguien? ¿Es que los que no tenemos carrera no somos nadie? ¿Quién te ha metido esas ideas en la cabeza? Todo lo que necesitas saber está escrito en los libros y tú ya sabes leer, no necesitas seguir yendo a la escuela, puedes comprar libros con tu paga y aprender lo que quieras —dijo don Poncio.

—Pero, padre, quiero tener un título, algo con lo que poder labrarme un porvenir.

—Ya tienes un título. Tu título son las tierras y aquí en el pueblo está tu mejor porvenir. Nuestras tierras son las más fértiles de la comarca y lo único que tienes que hacer es mantenerlas así. Aprende de tu hermano Casimiro, que casi nunca va a la escuela. Ese quiere campo y dinero. Solo tiene diez años, pero no quiere perder más tiempo en escuelas, quiere más jornal. Dice que no necesita aprender a escribir, lo único que le interesa es el arroz y los naranjos. Labrar la tierra, eso es lo único que necesitamos aprender en esta familia. Además, tú ya has aprendido los números, sabes sumar, restar y todo lo que hay que saber para que nunca nadie te engañe haciendo las cuentas.

Don Poncio se levantó de la mesa y, dando por zanjada la conversación, salió de la habitación. Ese año Enrique empezó a trabajar a tiempo completo en el campo, pero eso no impidió que su amor por los libros, creciera y creciera cada día más, de manera que todo el tiempo que tenía libre lo dedicaba a la lectura. Buena parte del salario que su padre le daba se iba en libros, y cuando no podía conseguirlos, los tomaba prestados de la biblioteca del pueblo. En otras ocasiones, se subía a la tartana de su abuelo y se iban juntos a la biblioteca de Valencia, donde siempre había más ejemplares para elegir.

El verano siguiente volvió a hablar con su padre, quería ir a Francia para la vendimia con su amigo Marcel. Los padres de este no fallaban ninguna temporada, y él, que también había ido los dos últimos veranos, le contó que las francesas eran más ligeras que las chicas española, le decía que en París se vivía con más libertad. Don Poncio se quedó mirándolo confundido, pensando que no había oído bien lo que su hijo le había dicho.

—¿Cómo? ¿Para qué quieres ir allá? —preguntó don Poncio.

—Por favor, padre, quiero viajar, conocer otro país, ver cómo hacen las cosas en otras partes del mundo. Le prometo que para la cosecha me tendrá aquí de nuevo, dispuesto como siempre para la siega del arroz.

—¿Ver cómo hacen las cosas en otra parte? Ya sabemos cómo trabajan allí, la nuera de Pepica y su marido, Roberto, van cada año, y no es tan divertido como tu amigo Marcel dice. Además, ¿por qué tendrías que ir allí a ganar cuatro pesetas, cuando aquí, en tu, casa puedes ganar cinco? —dijo don Poncio.

—Porque no es el dinero lo que me mueve padre. ¿No lo entiende? Yo busco otras cosas, quiero aprender francés —contestó Enrique.

—¿Francés? El francés no te dará de comer —dijo Don Poncio.

—Claro que sí, padre, tal vez dentro de unos años tengamos que exportar nuestras naranjas al extranjero, entonces nos vendrá bien conocer otro idioma, ¿no cree?

Durante unos segundos en los que don Poncio se quedó callado, con la mirada perdida en el horizonte, reflexionando sobre lo que su hijo acababa de decir, el corazón de Enrique dejó de latir, pero, finalmente, su padre giró la cabeza y, mirándolo a los ojos, sentenció su futuro para siempre.

—No, no irás a la vendimia a perder el tiempo. Si en el futuro exportamos el arroz o las naranjas, buscaremos alguien que nos ayude con el idioma. Ahora tu sitio está aquí. Algún día, estas serán tus tierras, y aquí es donde debes aprender todo lo que necesitas saber.

Muchos años después, cada vez que Enrique se acordaba de esta conversación, no podía más que estar agradecido a su padre, pues después de aquella charla tuvo la certeza de que necesitaba un plan, un proyecto al que ceñirse. Ese día nació un nuevo Enrique, el Enrique planificador, pues entendió que, en la vida, para conseguir algo hay que tener un plan. A pesar de su juventud, sabía que los sueños no se cumplen de un día para otro; los sueños, como las casas, se construyen día a día, y entonces supo que nunca podría contar con la ayuda de su padre para construir el suyo. Don Poncio no le había dado falsas esperanzas con fingidos aplazamientos, no le había pedido que esperara un tiempo ni le había dicho que era demasiado joven, que tal vez el próximo año, no, sus negativas habían sido rotundas y categóricas, tan definitivas como la misma muerte, y Enrique había entendido que estaba solo, pero sabía que estar solo no es estar vencido. Siete años, solo necesitaba esperar siete años, y entonces saldría en busca de su destino. Desde ese día ahorró hasta la última peseta de su salario y cuando alcanzó la mayoría de edad, con veintiún años recién cumplidos, le dijo a sus padres que se moría por conocer el mundo, que el pueblo le quedaba pequeño y que él necesitaba más aire para vivir. Se disponía a viajar durante un tiempo y su idea era empezar por París. El tercer año de vendimia su amigo Marcel había vuelto casado con una francesa, Katherine, una chica alegre y sencilla, que pronto se convirtió en su profesora de francés. De ella Enrique, además del idioma, aprendió todo lo que necesitaba para empezar una nueva vida en París. En siete años había conseguido reunir una cantidad de dinero considerable, pues don Poncio, que nunca fue rácano pagando jornales, y mucho menos con los de sus hijos, estaba por entonces en su mejor momento como agricultor. Sus tierras, en plena expansión, eran las más prestigiosas del pueblo y sus cosechas las más deseadas en los mercados. Con el dinero ahorrado y su conocimiento del francés Enrique se sentía preparado para recorrer el mundo y para empezar una nueva vida lejos de los confines de su pueblo natal.

Ahora, veintitrés años después, un Enrique adulto, pero no menos entusiasta, contemplaba sentado en el asiento de cuero de su nuevo *pickup* cómo atracaba en el puerto de Rabat el barco en el que llegaban su cuñada y sus sobrinas.

Todavía era noche cerrada cuando salieron del pueblo. Tuvieron que partir temprano, pues el barco salía de Alicante el día siguiente al atardecer y tenían muchas horas de trayecto por delante. Francisco las dejaría en el puerto, donde cogerían el barco hasta África, rumbo a una nueva vida. Josefa cerró la puerta de la que había sido su casa y le entregó a su amiga la llave para que se la diera a Alfredo. En silencio se despidieron de aquella casa vieja y desmantelada que día a día se caía a pedazos como se caen las hojas de un calendario, aquella casa quejumbrosa, fría y triste, pero que con tanta calidez las había acogido cuando se vieron en la calle sin ningún otro sitio a donde ir, esa casa que con tanto cariño, paciencia y mimos Josefa había conseguido convertir en un verdadero hogar, el único que habían conocido hasta entonces. Amparo cogió la llave que su amiga le tendía y se la guardó en el bolsillo del delantal, pero cuando esta intentó abrazarla para despedirse, se zafó de los brazos de su amiga con cariño y subiéndose al carro le dijo:

—Deja, deja, ya nos despediremos en Alicante, que voy con vosotras.

—Pero el traqueteo... —La frase se le quedó a Josefa suspendida entre los labios, pues entendió que, una vez más, no había motivo para preocuparse por las sacudidas del carro.

La noche anterior, las amigas habían estado en el porche charlando a la luz de la luna hasta bien entrada la madrugada, y cuando Amparo entró en la casa, al cambiarse para ir a la cama, la encontró allí en su ropa interior una vez más. Sin embargo, ahora Amparo ya no lloraba al descubrirla entre sus piernas, fastidiosa, pesada, cruel; ahora la esperaba todos los meses sin ganas, pero sin ansia, con calma, con esa tranquilidad que da la certeza, convencida de que llegará, como quien espera desganado una visita incomoda, alguien a cuya presencia acaba uno por acostumbrarse y a quien aprende con el tiempo a ignorar. Por eso lo tenía todo preparado para acompañar a Josefa y a las niñas.

Francisco y ella limpiaron el carro el día anterior, airearon y sacudieron las viejas y raídas mantas con las que se taparían durante el trayecto. Aunque empezaba a hacer calor a mediodía, todavía estaban a mediados de marzo, así que las madrugadas seguían siendo frías. Cuando ya todo quedó organizado, Josefa miró con nostalgia los bultos, pensando para sí misma lo poco que se necesita para empezar una nueva vida. En realidad, es muy poco lo imprescindible, solo las ganas y la ilusión son necesarias, y de eso sus hijas llevaban las maletas llenas. Esas maletas viejas que su suegra le prestó cuando Poncio las echó de la casa y que nunca aceptó que se las devolviera, decía que no le hacían ninguna falta.

Lo que más costó transportar fue la máquina. Fita jamás subiría a aquel barco sin su máquina, era su medio de vida y sabía que con ella sería capaz de ganarse muy bien la vida. A cualquier lugar del mundo donde fuera, su máquina de coser iría con ella. Por eso Josefa, que lo había vendido todo por poco que le dieran, nunca se deshizo de la carretilla, pues con ella podrían transportar la máquina y subirla hasta la bodega del barco. Sin embargo, en el último momento, cuando ya todos los bultos estaban cargados en el carro, Francisco apareció con una plataforma que había ideado. Era una plataforma de madera a la que había puesto cuatro ruedas y dos cuerdas, una para amarrar la máquina y otra para que tiraran de ella. Una especie de carrito trasportador en el que podría trasladar la máquina y algunos trastos más pesados.

—¡Pero qué apañado eres, tío Paco! Te prometo que con el primer sueldo que gane, te voy a coser una camisa con tu nombre bordado y te la voy a mandar desde Casablanca... —dijo Fita al ver aquel artilugio y, colgándose del cuello de su tío, le lleno de besos la cara.

Francisco sonrió ruborizado ante la efusividad de Fita. Él, hombre de pocas palabras, nunca tenía mucho que decir, pero sí mucho que sentir. ¡Cuánto iba a echar de menos a aquellas dos mujercitas que desde tan pequeñas, despacito, día a día, con cada «tío Paco», le habían robado para siempre su maltrecho corazón. «¡Tío Paco, mira qué flor más bonita he pintado!». «¡Tío Paco, mira la torta qué bien me ha salido!» «Tío Paco, la maestra me ha dicho que ya leo muy bien». «Tío Paco, dice Claudia que si tú eres mi padre...».

Capítulo 10

Ella no era de las que huían. Siempre había sido una mujer valiente, tenía agallas para hacer frente a lo que fuera que pasara y también las tenía para llamar a las cosas por su nombre. Por mucho que Amparo intentara convencerla de lo contrario, aquello era una huida, no podía verlo de otro modo ¿Acaso no lo estaban dejando todo para salir corriendo hacia otro lugar? ¿Qué era eso, si no una huida?

—No es una huida, Josefa, solo es un nuevo comienzo. No somos árboles, podemos movernos, intentarlo en otro lugar, y eso no es un fracaso, eso es tener agallas —dijo Amparo.

—Claro que lo es, Amparo, huimos del hambre, de la necesidad, del mal vivir, claro que lo es. Los que están bien no se van, porque ni quieren ni necesitan volver a empezar, les basta con seguir, son felices donde están. Mírate, Paco y tú no necesitáis moveros, aquí os va bien, y os irá mejor; seguro que en menos de dos años ya tienes tu horchatería.

Solo espero que me escribas muchas cartas y que me lo cuentes todo —dijo Josefa volviendo la cabeza con ojos llorosos, buscando los de su amiga—. Ahora que estás aprendiendo a escribir, no tienes excusa, escribirme te servirá para practicar. A mí no me importa que tengas la letra fea, ojalá yo la tuviera fea, por lo menos tendría letra. Tú sí que tienes agallas, Amparo, ¡haber aprendido a leer y escribir a nuestra edad! Quiero que sepas que aunque no estaré aquí contigo, seguirás siendo siempre un ejemplo para mí —dijo Josefa.

—¡¿A nuestra edad!? —exclamó Amparo fingiéndose escandalizada por el comentario de su amiga. —¡Que no somos tan mayores, Josefa! Todavía tenemos mucha guerra que dar, nos queda mucho por vivir. A lo mejor, allí en la ciudad tienes algún rato libre al día y Fita y Rosa puedan enseñarte las letras. Confía más en ti misma, Josefa, que tú vales mucho, mucho más de lo que crees. Tal vez en unos meses tú también me escribas tus cartas con una letra tan horrible como la mía, ¿quién sabe? Puede que acabemos inventando un nuevo idioma de palabras que solo tú y yo conozcamos —dijo Amparo sonriendo.

—Sí, como ese que dice Paco que tenemos ahora con la mirada, pero con letras —contestó Josefa—. ¡Cuánta falta me vas a hacer, Amparo! ¡Cuánta falta me vas a hacer! —le dijo estirando el brazo para coger la mano de su amiga.

Era una noche tranquila de marzo, pero, aunque seguía haciendo frío, no soplaba ningún viento, solo una ligera brisa mecía suavemente las ramas de los naranjos, que en esa época del año comenzaban a florecer. Era la última noche que tenían para estar juntas, la última noche de confesiones y abrazos. Sentadas en el porche de la casa, envueltas en sus tocas de lana, cada una en su mecedora había asistido al nacimiento de una silenciosa luna llena en el horizonte; hacía un rato que había aparecido, grande y redonda, para iluminar con su luz aquella última noche. La luna de marzo sería la última luna que vería Josefa en su pueblo de Valencia. Tal vez por eso no podía parar de llorar. Sabía que la vida es larga y que su huida, pues así era como ella lo veía, no tenía por qué ser para siempre. Sus hijas le decían que nada era definitivo y que tal vez en unos años volverían, pero ella presentía, y no se equivocaba, que si algún día volvían, volverían sin ella. Por eso aquella noche le pesaba tanto a Josefa, porque era la última que pasaría bajo el cielo de Valencia, ese cielo que la había visto crecer y que a ella tanto le gustaba observar. ¡Cuántas noches había pasado asomada a la ventana espiando entre las nubes, buscando en el firmamento señales que respondieran a sus plegarias! Este era el único cielo que deseaba ver, el de los campos, el de los huertos, el cielo abierto, el cielo que en las noches claras de principios de primaveras como esta, le traía con la brisa el aroma del azahar. Ella era mujer de campo, ¿cómo se las arreglaría para contar las estrellas cada noche estando en una ciudad? ¿En qué rincón de la ciudad encontraría esa calma que la invadía cada tarde al contemplar los colores ocres del atardecer en el pueblo, esa paz que emanaba de las tierras, silenciosas, serenas? ¿Qué iba a hacer ella en una ciudad? Ella era mujer de campo, de campo y de mar. ¿Qué iba a hacer en una ciudad? Sí, aquella noche a Josefa le pesaba demasiado, porque no solo se despedía de su amiga, de sus vecinos, de su pueblo, de su vida, sino que se despedía también de sus campos, de su tierra con sus colores y sus aromas. ¿De qué colores seria la ciudad a la que iban? ¿Qué aromas las recibirían? ¡Cuántas veces recordaría después aquella última noche bajo el cielo de Valencia! Porque esa noche Josefa se despedía de demasiadas cosas; se despedía de los colores, de los sabores, de los olores... Allí dejaba toda una vida, y también toda una muerte, pues allí quedarían para siempre sus muertos, los que ya no estaban, los únicos que de verdad la habían amado. Allí quedarían sus cuerpos para siempre, lejos de ella y de sus llantos, pues a partir de la mañana siguiente, ni siquiera tendría una tumba sobre la que llorar, ningún lugar al que llevar flores ni en el que sentirse cerca de los que tanto la habían querido. Sus padres se quedarían en Valencia, lejos de ella para siempre, y Casimiro... ¡Qué más le daba Casimiro! Pensó. Total, sus hijas nunca podrían enterrarla junto a él. Sus restos estaban en aquella fosa común y allí seguirían para siempre. Después de casi trece años, nadie había conseguido que los desenterraran. Muchos familiares habían pedido por todas las vías a su alcance que les entregaran los cuerpos de los suyos, pero nada se había conseguido. Ya hacía mucho tiempo que Josefa había perdido la esperanza de que sus restos descansaran algún día junto a los de su querido Casimiro. Comprendía que sus cuerpos jamás se unirían bajo tierra, pero ni falta que le hacía, Josefa era creyente y sabía que Dios, su Dios, haría que sus almas se reencontraran allá arriba para siempre. Ahora se disponía a cumplir el deseo de los dos únicos hombres que la habían querido en vida, los dos le habían pedido que se marchara, los dos le rogaban que abandonara el pueblo, que comenzara de cero en otro lugar, y era por ellos que lo hacía, se lo debía, sobre todo a Casimiro, a su recuerdo, que donde fuera que estuviese no dejaba de gritarle: «¡Di que sí, Josefa, di que sí! ¡Por favor, Josefa, di que sí!».

SEGUNDA PARTE

CASABLANCA

Capítulo 11

Josefa, que amaba y temía al mar a partes iguales, estaba, aunque por razones muy diferentes, tan ansiosa como sus hijas por bajar de aquel barco. Después de dos largos días con sus noches, todavía les quedaban ocho horas a bordo hasta que el barco atracara en el puerto de Rabat, donde Enrique las esperaría con un *pickup* para llevarlas hasta Casablanca. Gracias al artilugio que Francisco había inventado, al final arrastrar la máquina de coser hasta la bodega del barco, donde viajaban muebles y baúles, no había resultado tan incómodo como temían. Los mozos la deslizaron por la rampa con facilidad hasta dejarla anclada en su sitio. Pero Fita llevaba dos días sufriendo por la máquina.

—¿Y si nos la roban?

—Pero ¿quién la va a robar, mujer? Nadie se la va a llevar de donde está —contestó Josefa.

—Pero ¿y si los mozos se equivocan de número y se la dan a otros creyendo que es de ellos? —le replicó Fita.

—Con el viajecito que le estás dando al pobre mozo con la dichosa máquina, dudo mucho que se equivoque —dijo su hermana Rosa con ojos risueños—. ¡Relájate, Fita, que en unas horas estarás en el coche del tío junto a tu preciada máquina!.

Estaban desayunando en la cubierta con los abrigos puestos y una manta sobre las piernas. Aunque hacía demasiado frío para estar allí, la noche anterior habían decidido que en su último día en aquel barco verían el amanecer desde la cubierta. En la maleta, Josefa llevaba un hornillo con un cazo y, antes de despertar a sus hijas, había preparado un termo de achicoria bien caliente. Ahora estaban las tres tan pegadas en aquel banco que parecían solo una mientras intentaban entrar en calor dando pequeños sorbos de sus vasos. De la comida que Amparo les había preparado para el viaje, todavía les quedaba un buen trozo de la torta de calabaza, y Fita, que siempre tenía hambre, ya iba por el segundo trozo. Las tres, en silencio, con la mirada perdida en el horizonte, esperaban la salida del sol pensando cada una en lo suyo. Rosa y Fita, en el futuro; Josefa, en el pasado. Mirando ahora el mar, reparaba en cómo cambian nuestras emociones cuando cambiamos la perspectiva. Desde la orilla, el mar le transmitía calma, sosiego y mucha paz. La orilla del mar era, después de las tierras, su lugar favorito en el mundo. Allí se sentía cerca de Dios. Adoraba caminar en silencio por la orilla del mar. Sin embargo, aquí en altamar, lo veía tan inmenso, tan salvaje y poderoso, que no podía dejar de percibirlo como una amenaza. Sentía un miedo atroz cada vez que asomaba la nariz por la barandilla. Se percibía tan pequeña e indefensa en medio de este océano tan inmenso que durante todo el viaje no pudo sentir otra sensación más que desconfianza y ansiedad, porque ella no sabía nadar, nunca había aprendido, ni siquiera había aprendido a flotar. Estaba acostumbrada a bañarse en el mar, pero siempre en la orilla, la asustaban las profundidades marinas. Ella era una mujer de tierra, y en la tierra era donde necesitaba tener los pies. Ella no sabía nadar, solo aprendió a caminar, por eso nunca se metía más allá de la cintura. Nunca se aventuró a llegar hasta donde no hacía pie. Una tía, hermana de su madre, tenía una casita en la playa, y desde muy pequeña pasaba algunas semanas del verano en compañía de sus tíos. Allí Josefa era feliz. Se despertaba temprano por la mañana y mientras su tía y sus primas hacían las tareas de casa ella ayudaba en el huerto a su tío. Ya de niña prefería los trabajos en el campo; ella era de campo. Después, cuando el sol ya estaba demasiado alto para trabajar sin desfallecer, bajaban a la playa a bañarse en el mar, y, entre baños, castillos de arena y corrillos de vecinas, la mañana pasaba volando. La casa de sus tíos estaba tan cerca de la playa que algunos días su tía se escapaba hasta tres o cuatro veces para subir o bajar el fuego según las necesidades del puchero de ese día. Eran horas de griterío y algarabía, horas de juegos y risas para los niños y de respiro y descanso para las mujeres. Cuando la comida estaba lista, recogían los trastos y las toallas, y, antes de entrar en la casa, se duchaban con el agua fría del depósito con la manguera que había en el huerto. Asoleados y relajados, comían siempre en el porche, donde pasaban la mayor parte del día. Después de comer, venían unas horas de calma chicha, pues, al igual que ellos, también los vecinos de las casas de alrededor desaparecían; la gente se refugiaba a la sombra, debajo de cualquier toldo en algún lugar fresquito donde pudieran echar una cabezadita. Eran horas de tanta quietud que hasta los pájaros parecían retirarse a descansar. Después, por las tardes, sus primas la disfrazaban con telas de saco viejas, le hacían peinados imposibles y le maquillaban los ojos de negro con la tintura de un corcho quemado mientras su tía pelaba las verduras del huerto para preparar la cena.

Allí, cerca del mar, la vida parecía más fácil y la gente más feliz.

La casa de sus tíos era una casa humilde, destartalada y pequeña, que en la temporada de verano se iba ampliando con viejos tablones de madera que hacían de paredes, toldos que hacían de techo y cortinas que, tendidas en una cuerda de pared a pared, hacían las veces de tabiques. Hasta cuatro familias se juntaban en aquella casita algunos veranos, y es que por aquel entonces se vivía con muy poco, la gente vivía sin nada, pero nada le faltaba a nadie, porque todo se compartía. La guerra todavía estaba muy lejos y la gente viviendo sin nada era feliz.

«Cómo cambia la vida» Pensó ahora Josefa, rumbo a otro país en busca de una vida mejor, porque aquella alegría del compartir se fue con los dos bandos, que, cada vez más distanciados, obligaban a todo el mundo a posicionarse. «Si eres suyo, no eres mío». «Si estás con él, también estás contra mí», y así, despacito, sigilosamente, apenas sin ellos percibirlo, la vida se llenó de dudas, de incertidumbre y, lo peor de todo, de temor. Las casas del pueblo, siempre con las puertas abiertas de par en par, permitieron al miedo entrar con tanta facilidad que, rápido y veloz, se instaló a sus anchas, no solo en los hogares, sino también en los corazones de sus habitantes, y aquellos años de manos abiertas, de miradas dulces, años de compartir la mitad de nada, dieron paso a otros de miradas furtivas, puños cerrados y corazones mezquinos.

La maldita guerra arrasó con todo, y la ligereza de la vida, la dicha del día a día, y hasta las ganas de vivir, quedaron para siempre al otro lado de las puertas, ahora siempre cerradas por temor, donde quedan siempre las cosas buenas, al otro lado del miedo.

Capítulo 12

—¡Ven, mamá! ¡Corre, que te lo vas a perder! —le dijo Rosa a su madre por segunda vez.

—Que no, que me da miedo. Desde aquí lo veo bien —contestó Josefa.

—¡Que vengas, mamá! —le gritó Fita, que tenía menos paciencia que su hermana—. Si no lo ves con tus ojos, después te arrepentirás. Ven, aquí te hacemos un sitio.

Josefa se levantó del banco con desconfianza y se metió en el hueco que le hacían sus hijas. Tenía los ojos cerrados, pues, además del miedo al agua, le daba pavor la altura de aquel barco.

—¡Abre los ojos, no seas boba! —le gritó Fita.

Cuando los abrió y miro hacia abajo, dio un paso atrás con la intención de regresar al banco, pero Rosa y Fita, que reían excitadas mirando a todas partes a la vez para no perderse nada, cruzaron los brazos por detrás de su madre para impedirle retroceder.

—¡Tú de aquí no te vas! No mires hacia abajo, mamá, mira solo al frente, busca allá, entre todos aquellos coches, tal vez puedas distinguir en alguno al tío Enrique —dijo Rosa abrazándola cariñosamente por detrás para transmitirle seguridad.

—¿Y si se ha cansado de esperarnos, mamá? ¡Llegamos con dos horas de retraso! ¿Qué haremos si el tío Enrique no está? —preguntó Fita, siempre tan ansiosa.

Estaban hablando a gritos, pues el ruido de los motores del barco, el fuerte viento que en las tardes se giraba en el puerto y la excitación de la gente amontonada en la cubierta, impedían hablar de otra forma que no fuera levantando la voz. La gente, desde el muelle, buscaba ansiosa los rostros de sus seres queridos, anticipando el momento de abrazarlos de nuevo.

—Claro que estará, Fita. Él sabe que llegamos en este barco. Si tenía otros asuntos, seguro que ha avisado a alguien para que nos recoja. Deja de preocuparte por eso y vamos abajo a buscar tu preciosa máquina de coser —dijo Rosa.

Cuando por fin bajaron del barco, cargadas con los bultos, las maletas y la máquina, Enrique las estaba esperando puntual, paciente y tranquilo, con su mejor sonrisa, esa sonrisa que tan lejos lo había llevado. Las abrazó una por una, diciéndoles lo mucho que habían crecido y lo guapas que las chicas se habían puesto.

—¡Pero si ya sois tres mujeres! Parecéis tres hermanas, ¿cuál de las tres es la madre?

—¿Verdad que sí, tío? Ya soy una mujer. ¡A qué tú me dejarías pintarme los labios de rojo! Ya tengo edad. En el pueblo, algunas chicas de mi edad ya se los pintan los domingos al salir de misa —dijo Fita mirando a su madre con ojos lastimeros.

—Si lo que te preocupa es no poder maquillarte, estás de suerte, Fita, aquí las mujeres moras se maquillan desde muy chicas, sobre todo los ojos, con ese polvo negro que les da esa mirada de misterio. En cuanto hagas algunas amigas seguro que te enseñan cómo hacerlo. Además, las mujeres del protectorado francés son muy modernas. Maquillajes y modas aquí no te van a faltar —dijo Enrique risueño, recordando cuánto le impactaron las muchachas francesas.

Cuando Enrique llegó a París con veintiún años recién cumplidos, se instaló en un *chambre* de apenas diecinueve metros cuadrados. Era tan feliz en su recién estrenada vida que nada podía importarle menos que los metros de su vivienda. Tampoco iba a estar allí demasiado tiempo, sino lo justo para practicar el francés que había aprendido en el pueblo con Katherine, conocer la ciudad de la luz y empaparse del carácter de los franceses. De París pasó a Suiza y de allí bajó a Italia. Sus ahorros habían menguado de manera considerable, ya casi no le quedaba dinero para volver, pero aquellos meses fuera de casa le bastaron para darse cuenta de que no regresaría al pueblo. No deseaba volver a la vida del campo. Lo que siempre había presentido se le revelaba ahora con más fuerza que nunca: viajar tenía que convertirse para él en una forma de vida. Necesitaba moverse por el mundo para ser feliz. Era la segunda vez en su vida que necesitaría un plan. Un proyecto sobre el que construir su nuevo sueño. Escribió a su madre una larga carta para explicarle que por el momento no iba a volver. Para viajar, lo fundamental era el idioma, y en Italia se apercibió de su facilidad para los idiomas. Su primer objetivo fue aprender inglés. Había oído que ya era el idioma más hablado en Europa, por encima del francés, y, además, era el idioma de moda en las relaciones internacionales. Con el dinero que le quedaba, en lugar de volver a España, viajó a Reino Unido, donde permaneció casi un año, trabajó de telefonista, de camarero, fue empleado en un supermercado y, finalmente, de botones en un hotel. Nunca aceptaba un empleo si no podía tener contacto con clientes. Necesitaba hablar, esa era su prioridad. No era el dinero lo que decidía a la hora de aceptar un trabajo, hacerse rico no le interesaba, ya habría tiempo para eso. Cuando el tiempo lo permitía, los pocos ratos que tenía libres se sentaba en algún banco de St James Park a leer un rato o a darles de comer a las palomas, pero la mayoría de los días tenía que meterse en la biblioteca, pues en Londres casi siempre hacía demasiado frío para permanecer mucho rato a la intemperie. Un día, en el parque se le acercó un muchacho más o menos de su misma edad, quien se presentó como Mohamed. Le dijo que lo conocía. Lo había visto muchas veces porque trabajaba en la cocina del restaurante que quedaba enfrente del hotel, en el otro lado de la calle. Ese día comenzó una bonita amistad que iba a durar toda la vida. Cuando coincidían en su día libre, aprovechaban para ir al cine o a algún *pub* de moda en busca de diversión y de mujeres bonitas. En esos ratos en el parque compartían sus ilusiones y sus planes para el futuro; Enrique quería aprender inglés y viajar por todo el mundo antes de establecerse en un sitio definitivamente; Mohamed, justo lo contrario, no le gustaba viajar, estaba ahorrando para comprar algún día una casa bonita en un barrio tranquilo de Londres, y lo único que deseaba era encontrar una mujer buena con la que compartirla y formar una familia. Y así, entre confidencias y cines, pasaron los meses y Enrique comenzó a inquietarse. Ya se sentía suficientemente seguro con su inglés y necesitaba moverse. Un día le confesó a su amigo que ya había comprado billete en el próximo barco para América. El director del hotel había accedido a darle una carta de recomendación que sería, sin duda, de gran ayuda para encontrar trabajo en Estados Unidos.

Cuando llegaron a Casablanca, era ya noche cerrada. Por el camino Enrique había ido poniéndolas al día de lo que iban a encontrar, de lo que tendrían que hacer al día siguiente cuando se despertaran y, sobre todo, de algunas normas y costumbres que era mejor no contravenir para no meterse en problemas. A las mezquitas podían entrar, pero siempre con la cabeza cubierta.

—Bueno, tío, en el pueblo las abuelas también llevan mantilla para ir a misa, pero nosotras nunca nos la hemos puesto y mamá ya hace algunos años que tampoco se la pone —dijo Fita dicharachera.

—Pues aquí la cabeza siempre cubierta las tres si queréis entrar en las mezquitas —contestó Enrique aparcando delante de un edificio viejo y oscuro.

Bajaron del *pickup* los trastos y las maletas, y entre Enrique y el portero, que las había estado esperando despierto desde hacía horas, subieron la máquina de coser. Era un tercer piso sin ascensor. Cuando abrieron la puerta, decidieron que esa noche no iban a pensar en nada. Se acostaron las tres juntas en la cama de matrimonio y estaban tan cansadas que se durmieron antes de lo que pensaban.

A la mañana siguiente, cuando la luz del sol comenzó a entrar por las rendijas de la persiana que parecía medio rota,

Fita se despertó y se dispuso a inspeccionar a fondo aquel pequeño piso en el que iban a vivir. El piso parecía de día tan triste como les había parecido la noche anterior, pero Fita, siempre alegre y optimista, no iba a consentir que la tristeza se instalara con ellas.

—Compraremos pintura, le daremos una capa de blanco a las paredes y todo se verá más alegre —dijo Fita pensando en voz alta—. Y las persianas, ¿por qué están todas bajadas? ¿Será una costumbre aquí? Pues nosotras esa costumbre no la queremos, las tendremos siempre subidas, día y noche, para que entre por lo menos algo de luz, y esta mesa la cubriremos con un hule de colores bonitos. En aquella esquina tendremos siempre un ramito con flores frescas, preguntaremos al portero dónde podemos cogerlas, y seguro que dentro de unos días este piso parecerá otro —sentenció Fita ilusionada.

—Tendremos que preguntar muchas más cosas al portero —dijo su madre—. Vamos a asearnos un poco y bajaremos a charlar con él.

Cuando bajaron a la portería, Hafid, un señor de pelo cano, ya muy mayor pero todavía fuerte y robusto, les informó con paciencia y amabilidad sobre todo lo que quisieron preguntarle.

Dos días le bastaron a Fita para encontrar trabajo en Casablanca. La primera mañana, cuando entraron las tres en la tienda de la esquina dispuestas a hacer la compra del día: tres huevos, patatas, lentejas y una barra de pan, la señora Basima, que a fuerza de atender durante años a todos los del edificio había aprendido algunas palabras en español, le preguntó a Josefa por el bordado tan bonito del bolsillo de su blusa. Josefa, halagada y sorprendida por el comentario, respondió que era Fita la bordadora de la casa. Basima sonrió mirando fijamente a Fita, como buscando algo en aquellos ojos, y Fita, decidida como siempre, se ofreció a hacerle un bordado igual en su blusa. Le dijo que no le llevaría demasiado tiempo, pues los hacía con la máquina. Al día siguiente, cuando Fita entró de nuevo en la tienda a por una barra de pan y una cabeza de ajos, Basima le dijo que en la zona sur andaban buscando bordadoras y había escuchado que esa tarde iban a hacer algunas pruebas a varias chicas, entonces le tendió un trozo de papel con la dirección. Fita, reprimiendo el impulso de abrazar a aquella mujer, le dio las gracias con la mejor de sus sonrisas y salió corriendo con el papel en la mano. Hafid le informó de que el sitio no quedaba demasiado lejos. Si se bajaba de los tacones y se disponía a caminar rápido, tal vez en cuarenta y cinco minutos podría estar allí. Esa misma tarde, al terminar la prueba, otra chica le dijo que en su calle había un sastre italiano que buscaba una ayudante, y así fue como Fita en un solo día consiguió trabajo para ella y para su hermana Rosa en la próspera ciudad de Casablanca, la misma ciudad que cautivó el corazón de su tío Enrique cuando llegó para la boda de su amigo quince años atrás.

Después varios meses trabajando para el señor Scot, Enrique recibió una carta de su amigo Mohamed en la que le explicaba que sus sueños habían cambiado radicalmente, así era la vida, imprevisible, y sorprendente a veces, pero él estaba encantado de que así fuera. De buena gana renunciaba a su casita en el barrio residencial de Londres para pagar el *mahr* de su novia. Era una especie de dote, una cantidad de dinero que tenía que pagar si quería casarse con ella. Y quería. Había conocido a una muchacha musulmana, de la que estaba locamente enamorado, y tenían previsto casarse y establecerse en Casablanca, donde vivían los padres de ella, ya muy mayores, y donde quería vivir su futura mujer hasta que estos fallecieran. En la carta le pedía que viajara a Casablanca para la boda, pues estaría muy agradecido si le hiciera el honor de ser su padrino en el enlace. Ese mismo día Enrique habló con Robert Scot para cuadrar las agendas, ya que en la fecha de la boda tenía previsto un viaje al sur, que al final consiguieron adelantar unos días, de modo que Enrique volaría directamente desde allí hasta Casablanca, sin pasar por Nueva York.

Desde el mismo día que pisó África, Enrique lo consideró un país lleno de posibilidades. Su cerebro siempre centrado en los negocios, pronto lo registró como un buen sitio para el comercio de las telas. El choque cultural, en lugar de presentársele como un obstáculo, a él se le aparecía como un reto, una ocasión para expandir el negocio. Donde otros veían inconvenientes, él solo podía ver oportunidades. Casablanca no le pareció más bonita que otras ciudades que había visitado, pero sí quedó prendado de la cultura tan diferente que allí se respiraba, tan cerca de España, y, para su asombro, era la primera vez que realmente se sentía en otro mundo. Al principio le sorprendió ver por las calles a los hombres cogidos de la mano, o agarrados del brazo como hacían las mujeres de su pueblo, pensaba que era un país de homosexuales, hasta que Mohamed le explicó que esa era la costumbre entre amigos y familiares.

Se le erizaba la piel cada vez que escuchaba la voz del almuédano desde el minarete de la mezquita llamando cinco veces al día a todos los fieles a la oración. Le fascinaba ver a los hombres dejarlo todo para salir corriendo a lavarse y ponerse a rezar, o la costumbre de las mujeres de tatuarse la piel de las manos con aquel pigmento de henna. En Europa y en América muchas mujeres se maquillaban las uñas con esmaltes rojos, Michelle era una de ellas, pero jamás había visto a ninguna con esos dibujos en la piel. Durante los tres días que duró la boda, descubrió que los musulmanes no beben alcohol, que consideran de mala educación rechazar la carne y que los hombres y las mujeres comían en habitaciones diferentes, primero lo hacían ellos y después ellas, pero por lo que más se interesó fue por la cantidad de telas que se usaban en aquel lugar, no solo para vestir el cuerpo, sino también para adornar los hogares. Las mujeres moras llevaban mucha tela en sus vestidos, y la novia lució hasta tres vestidos diferentes. Todos, también los de las invitadas, estaban bordados y solían ser telas brillantes. Su mente no paró de maquinar durante aquella boda, tenía que averiguar cómo estaba el mercado, algo le decía que aquel era un país con posibilidades, y no se equivocaba, pues aquella visita a África cambiaría para siempre el destino de Enrique. Después de la boda, comunicó al señor Scot que iba a retrasar la vuelta unos días y aprovechó para concertar varias entrevistas con algunos empresarios del protectorado francés. Durante aquellos días en Casablanca, volvió a aparecer, tal vez con más fuerza que nunca, Enrique el planificador. Su cabeza era un constante hervidero de ideas, pensamientos y posibilidades. De manera que cuando volvió a Estados Unidos, a su proyecto no le faltaba detalle, no quedaba ningún cabo suelto, nada que dejar a la improvisación, lo tenía todo pensado, anclado y cerrado. Había calculado hasta el último centavo del coste de la inversión y planeado la mejor manera de llevarlo a cabo.

Sabía que el señor Scot no aceptaría a menos que le mostrara el proyecto totalmente anclado, de modo que cuando llegó a Nueva York y se sentó frente a la mesa de su jefe, tenía la total certeza de que la fábrica iba a montar una nueva planta en la ciudad de Marruecos.

Capítulo 13

—¡Ya estoy en casa! —dijo Rosa con voz cantarina y alegre, dejando la llave en el cuenco de barro que tenían en el mueble de la entrada—. ¡Adivinad quién ha venido hoy a la sastrería de don...!

La pregunta se quedó suspendida en el aire, pues al entrar en la cocina, Rosa encontró a su madre y a Fita abrazadas en medio del llanto.

—¡Ay, qué pena tan grande! ¡Ay, qué pena tan grande! —repetía Josefa una y otra vez.

—¿Qué ha pasado, mamá? —preguntó Rosa asustada.

—El tío Francisco —contestó Fita sin dejar de llorar mientras le tendía a su hermana la carta que tenía en la mano.

Rosa cogió la carta y empezó a leer.

—Léela en voz alta, Rosa —pidió su madre—. Quiero cerrar los ojos y escuchar la voz de mi Amparo otra vez.

Querida Josefa:

Por la letra te estarás dando cuenta de que está carta la escribo yo. Yo sola, porque así es como estoy desde el domingo, sola. ¿Cómo podría yo dictarle a nadie una carta así, si lo único que siento es pena? ¿Cómo se dicta la pena? No puedo dictar esto que siento, solo escribirlo, volcarlo en este trozo de papel. Tal vez si lo dejo aquí escrito me lo saco un poquito de dentro y así, al contártelo, me duela un poco menos, porque esto duele demasiado para mí sola. Tu padre siempre nos decía que es bueno tener alguien con quien compartir las cosas que nos pasan, porque las alegrías compartidas se multiplican y las penas parece que se dividen. Yo no pido la mitad, me bastaría un poco de alivio para este dolor tan cercenante, ojalá escribiéndote esta carta encuentre yo solo una pizca de consuelo en medio de tanta pena. El domingo en la noche se me fue Francisco, Josefa. Así, de repente, tranquilo y sereno mientras dormía. Sin escándalos, sin despedidas, como era él. Ni siquiera en este, su último viaje, encontró unas pocas palabras con las que decirme adiós antes de marchar. Yo ni cuenta me di, recién el lunes en la mañana, al ver que no se levantaba, quise despertarlo, pero no pude. Ya ves, Josefa, qué poco sabemos lo que nos espera a la vuelta de la esquina. Un día te acuestas casada y en la mañana te despiertas viuda. Loca me volví, Josefa, loca poseída, chillona. «¡¡Que te levantes te digo!! ¡¡Que te levantes ya!!» ¡Con lo poco que le gustaba a él que alzáramos la voz! Un hombre tan callado, siempre hablando entre susurros. Casi lo tiré de la cama con envites y empujones, pero no pude, Josefa, no pude despertarlo. Con algún hueso roto lo enterrarían al pobre por las sacudidas que le di. ¿Qué voy a hacer ahora, Josefa? ¿Cómo me las arreglaré sin él? Esta es la primera vez que me he hecho esta pregunta, pues desde el domingo ya no pienso en el futuro, no me veo ninguno. Lo único que me exijo es seguir respirando. Me digo a mi misma que solo tengo que seguir viviendo un rato más, una hora más, una mañana más, una tarde más, y así, poniéndomelo más pequeñito, se me hace más posible. El corazón, Josefa, ese corazón que por ser demasiado grande le salvó de la guerra, al final no pudo salvarle de la vida, porque así es la vida, Josefa unas veces da y otras te quita. Eso me decía ayer Pepica, y a mi casi me dio la risa. ¿Qué me ha dado a mí la vida? ¿Dónde están mis hijos? ¿Es que yo no los merezco? Los que eran para mí, ¿a quién se los dio la vida? ¿Qué hay de malo en mí? Un hombre bueno, eso es lo único que me dio la vida, pero qué poco me ha durado. ¡Que se joda la vida! Yo no le debo nada a la puta vida. Me da igual lo que diga Pepica. A mí la vida solo me quita, y tanto que me quita, Josefa, porque con Francisco no solo se me fue el marido, sino que se me fue todo. Con él se fueron las posibilidades, y con ellas mi esperanza, porque ¿a quién quiero engañar, Josefa? Alguna esperanza todavía tenía. Pero ahora, ¿qué me queda? Nada. Con cuarenta años cumplidos y sin marido. No tengo a nadie, Josefa, las niñas y tú estáis tan lejos, solo me quedaba mi Francisco, y ahora mira. ¡Qué sola estoy! El pobre Alfredo y su hijo se encargaron de todo. Ellos llamaron al médico y después al cura y al funerario, pusieron las esquelas y avisaron a mi cuñada. Yo no quería ningún cura en mi casa, no los necesito, no quiero su consuelo, pero al final pensé en la hermana de Francisco y en su madre, que en paz descanse, y lo dejé entrar, total Francisco ya estaba muerto. El muchacho de Alfredo me escuchó vociferar: «¡Ay, mi Francisco! ¡Ay, mi Francisco!» Llamó a su padre y se acercaron a socorrerme. Últimamente siempre están cerca. En cuanto os fuisteis empezaron con los arreglos de la casa, la que para mí siempre será vuestra casa, y también han sembrado los dos campos que eran de tu padre, dijeron que todavía llegaban a tiempo para sembrar y llevan quince días sin parar. Han contratado a dos jornaleros y trabajan de sol a sol. Ahora el hijo de Alfredo viene a verme todos los días. A veces su padre viene con él. Me preguntan si estoy bien, si necesito algo. Necesito a mi Francisco. Él es lo único que necesito. Cada día me levanto y salgo con el carrito de la horchata, empieza la temporada y no la quiero perder. Ahora más que nunca tengo que seguir. No sé qué voy a hacer con la plantación. Me gustan las hierbas, unas más que otras, y sé para qué sirven, conozco algunos remedios y no quiero deshacerme de las tierras, pero no sé cómo me las voy a arreglar sin él, sobre todo con los campos de las chufas. Francisco todavía no había empezado con la siembra y tendré que hacerlo y ya, pues necesitare chufas para el año que viene, porque es de lo único que sé vivir. ¡Qué sola estoy en la vida, Josefa! ¡Y cuánto os echo en falta! Desde que os fuisteis, por aquí anda todo tan silencioso que algunas veces me parece que he cambiado de pueblo. ¡Cómo necesito esas mañanas entre fogones preparando puchero con mi Rosita! ¡Qué buena cocinera es! Sobre todo con los platos de cuchara, ella siempre sabe darles su toque, ese que los hace especiales. ¡Y sus tortas! ¿Qué me dices de sus tortas? ¡Mucho mejores que las de Carmen, la del horno, donde va a parar, y mi Fita siempre tan dicharachera que hay que decirle: «¡Anda, niña, cállate un rato y coge aire, que te vas a marear!» Dales un beso muy fuerte, diles que las quiero mucho y que pienso en ellas cada día. Solo espero que estéis bien y que encontréis ahí lo que no pudisteis encontrar aquí. Escribidme pronto, Josefa, que saber de vosotras me hará mucho bien.

Tu amiga Amparo, que no te olvida.

Capítulo 14

—Sí, sí, el sábado estará aquí. Creo que esta vez viene solo por una semana, pero él me ha dicho qué vengáis el sábado —dijo Michelle.

—¿Solo una semana? No te dará tiempo ni para lavarle la ropa. Yo pensaba que cuando venía, estaba más tiempo en casa —contestó Josefa.

—Sí, a veces se queda hasta tres semanas, pero luego, cuando se va, tarda más tiempo en volver. Yo prefiero que venga pocos días, pero más a menudo. No me gusta estar tanto tiempo sin verlo. Todo depende de dónde lo manden —dijo Inés.

—Bueno, parece que los dos os habéis acostumbrado a vivir así. Si es lo que yo digo, que al final una se acostumbra a hacerlo todo sola —dijo Josefa agarrada del brazo de su cuñada.

Iban caminando hacia la casa de Josefa. El chófer de Michelle pasaría a recogerla en una hora. El día estaba tan hermoso y soleado, y la temperatura tan agradable que habían decidido ir dando un paseo.

—Pues la verdad es que sí, ¿para qué nos vamos a engañar? Cierto que de la empresa siempre he tenido toda la ayuda y más, pero cuando los niños estaban malos, siempre estaba sola —dijo Michelle asintiendo con la cabeza—. Todavía me acuerdo cuando Quique se rompió la muñeca las dos noches de hospital que me pasé yo solita al lado de su cama. Y menos mal que tengo a Fátima, que se quedó con los otros dos, si no, a ver cómo. A todas las celebraciones que nos invitan tengo que ir sola, siempre me sientan con las viudas —dijo riendo alegremente.

—Ya me imagino. Desde luego que fácil no habrá sido. Por lo menos ahora ya son mayores, y hasta te servirán de apoyo, como a mí las niñas —contestó Josefa.

—Pues sí, tú lo sabes mejor que yo, lo tuyo sí que ha sido soledad. Criar a los hijos sola es muy duro algunas veces, pero bueno, hemos salido adelante. Para mí lo peor fue al principio, después te vas acostumbrando, y la verdad es que ahora, después de tantos años, a veces hasta me parece una ventaja, como que le veo solo el lado bueno. Mira, en mi casa soy la que manda; hago y deshago como me viene en gana. Tengo amigas que hasta para cambiar una alfombra de sitio tienen que pedir opinión al marido. ¿Te imaginas? —dijo Michelle divertida.

—Pues sí, cuando algo no tiene remedio, mejor buscarle el lado bueno, y desde luego tu marido no lo tiene, siempre ha sido un culo inquieto y no vamos a pedirle ahora que cambie eso. Ya sabías cómo era cuando aceptaste casarte con él —dijo Josefa con cariño.

—Sí, eso sí. Bueno, la verdad es que en muchos viajes me pide que lo acompañe, pero a mí no me gusta estar muchos días fuera de casa, incluso ahora, que los niños están fuera, yo prefiero quedarme aquí si se va para muchos días, aunque me quede sola. Oye, y hablando de soledad, ¿cómo está Amparo? ¿Habéis tenido más noticias de ella? Rosa me dijo que habíais recibido carta.

—Sí, sí, nos escribe todas las semanas, y nosotras a ella también, a veces llegan dos cartas casi a la vez porque el correo lleva retraso, pero por lo menos estamos al día. ¡Ay, Michelle, lo que daría por abrazarla! ¡La echo tanto de menos! —dijo Josefa compungida.

—Y ¿por qué no le dices que se venga? Ella también os echará mucho de menos, ¿no? Al fin y al cabo, las niñas eran como sus hijas —dijo Michelle.

—Ya se lo dijimos en las primeras cartas, cuando murió Francisco, pero ella no sabía qué hacer, no quería tomar decisiones hasta que no pasaran unas semanas. Además, mírame a mí, Michelle, ¿qué haría yo aquí si no fuera por las niñas, sin trabajo, sin nada que hacer? Y ya son casi cuatro meses. No sé si Amparo aquí sería feliz. La verdad, a ella le gusta el campo y la vida de pueblo, como a mí, y sigue con la idea de la horchatería, dice que es la única ilusión que le queda, y ahora parece que Alfredo y su hijo la están ayudando a sacar adelante la cosecha de las chufas, y hasta están mirando un local en la calle mayor. Creo que el muchacho de Alfredo quiere poner parte en el negocio. Ojala cumpla su sueño y por lo menos eso le salga bien. ¡Pobre! Con lo buena que es, se merece eso y más. De todos modos, si se viniera, ¿qué haría aquí? Mírame a mí, Michelle, ya son varios meses y sigue sin salirme nada. Si no fuese por los sueldos de las niñas, ya nos hubiésemos volado los pocos ahorros que nos trajimos.

—Bueno, tú no desesperes, Josefa, que algo saldrá. No vas a estar sin trabajar mucho tiempo más, ya verás. En cuanto aprendas a manejarte solo un poquito con el francés, te saldrán algunas casas. Las mujeres del protectorado siempre buscan asistentas o señoras para la limpieza, y yo ya lo he comentado con algunas. Por cierto, Enrique me dijo que el sábado iremos a pasar el día al campo, queremos que te animes, ya verás que pronto agradecerás haberte decidido a venir —dijo su cuñada con una sonrisa—. ¡Aquí también hay campos, Josefa! No todo es desierto —agregó Michelle divertida.

Capítulo 15

Enrique, sentado en un banco de la sexta avenida, contemplaba embobado el Empire State Building en todo su esplendor. El caballero, al verlo hipnotizado mirando aquel edificio con la cabeza tan inclinada como le permitían sus cervicales, se acercó y con gesto divertido le dijo:

—Impresionante, ¿verdad?

—Ya lo creo, señor. Cada vez que lo veo se me corta la respiración —contestó Enrique.

—Y no es para menos, hijo —le dijo aquel hombre sentándose a su lado y alzando a su vez la mirada—. Estás delante del edificio más alto del mundo, ciento dos pisos. En ningún lugar encontrarás otro más alto, tal vez más bonito, pero no más alto. Apenas hace unos meses que lo inauguraron y ya se ha convertido en el edificio más importante jamás construido.

—En mi pueblo el edificio más alto tiene cuatro pisos —le contestó Enrique bajando la cabeza y ambos rieron divertidos.

—¿De dónde eres, muchacho? No pareces irlandés. ¿ Italiano tal vez?

—No, señor, soy español. Nací en un pueblo de la costa este de España. Mi nombre es Enrique Martínez —dijo tendiéndole una mano al tiempo que le mostraba la mejor de sus sonrisas.

—Robert Scot —contestó el hombre, atraído automáticamente por la magnética sonrisa de aquel muchacho y, dándole un enérgico apretón de manos, le dijo—:

¿Español? Pero tu inglés es bueno, y no tienes demasiado acento.

—Gracias, señor. He estado un tiempo viajando por Europa, y el último año lo he pasado en Reino Unido, allí aprendí lo que sé de inglés —contestó Enrique.

—Y ¿qué haces aquí? Si me permites que te lo pregunte —preguntó amablemente el caballero.

—Viajar, señor, eso es lo que hago. Trabajo de camarero en el Jack's Coffee, una cafetería dos calles más arriba, en la treinta y seis, y en los ratos libres salgo a conocer la ciudad —contestó Enrique.

—Entonces, ¿te gusta Nueva York? ¿Te parece un buen lugar para establecerte?

—¡Oh, no señor! No tengo intención de establecerme todavía en ninguna parte. Sin duda alguna, esta es una gran ciudad, pero el mundo es muy grande, y yo deseo ver mucho más. Nunca estoy demasiado tiempo en el mismo lugar. Tengo intención de trasladarme a Alaska en cuanto tenga ahorrado el dinero suficiente para el billete —dijo Enrique sonriendo.

—¡Vaya! Precisamente Alaska... si me permites un consejo, muchacho, no te marches sin tener suficiente dinero también para la vuelta. Es uno de los países más bellos del mundo, pero es muy hostil, nadie aguanta allí demasiado tiempo —le dijo el hombre.

—Eso he oído, señor, que es un país hermoso, pero que la vida allí se hace dura. ¿Ha estado usted allí? —preguntó Enrique.

—Sí, hijo, varias veces, todas por trabajo. De hecho, no hace mucho que regresé de allí.

—¿Por trabajo? ¡Qué suerte la suya viajar por trabajo! ¿Puedo preguntarle a qué se dedica, señor?

—Sí, hijo, tengo una pequeña fábrica de telas. Desde hace unos meses empezamos a exportar a casi toda América, pero no conseguimos abrir mercado en Alaska, los empresarios de allí siempre aducen que nuestras telas son demasiado finas para su clima tan frío —explicó el hombre.

—¿No se podría fabricar la misma tela pero más gruesa? —preguntó Enrique sin ningún pudor.

—No, hijo, nuestra tela es especial, similar a la seda. Si la mezclamos con otros materiales para hacerla más cálida o más resistente, le quitaríamos la suavidad, y se perdería esa finura al tacto, que es lo que la hace tan especial —explicó el caballero.

—Pero los tejidos bonitos no se usan solo para abrigo, señor, se pueden usar para otras cosas, no solo para llevarlos encima. Podrían servir para cortinas de las casas, tapices para sofás... hay muchas otras cosas.

El hombre sonrió ante aquel inocente comentario de Enrique.

—Se nota que nunca has estado en Alaska, amigo. Todo les parece demasiado frío para su clima. No se atreven con telas tan finas. Aunque les parecen bonitas, ellos dicen que necesitan telas cálidas en todo, y en nuestra fábrica no producimos lana. Si mezclamos texturas se pierde calidad y además se elevan mucho los costes.

Enrique se quedó pensativo por un momento, y, exhibiendo una vez más su irresistible sonrisa, le propuso al caballero:

—Si yo consiguiera vender su tela en Alaska, ¿me pagaría usted el viaje de vuelta, señor? —Hizo la pregunta sin dejar de sonreír.

—Te pagaría mucho más que eso, hijo.

—Entonces dígame dónde puedo pasar a por una de sus piezas de muestra, porque eso es todo lo que usted podría perder si hacemos el trato.

El señor Robert le dio la dirección de su fábrica y, cuatro meses después, cuando Enrique hubo conseguido reunir el dinero para el viaje de ida, se pasó por la fábrica para recoger la muestra de la tela. El señor Scot no solo le dio la muestra, sino que también le dio, aunque sin mucha convicción, un listado de posibles compradores, las empresas que él solía visitar en sus viajes a Alaska, los que consideraba como potenciales clientes. Y así, con un apretón de manos, sellaron el pacto entre caballeros. El primero de ellos convencido de que sería la última vez que se verían. El segundo convencido de que ahí comenzaba su nueva vida. El primero seguro de que ahí terminaba todo. El segundo convencido de que ahí empezaba todo.

Capítulo 16

Querida Josefa:

¡Cómo me alegro de lo que me cuentas! Acabo de leer tu carta y no puedo esperar para contestarte. Las dos niñas ya con trabajo. ¡Ay, qué razón tenía mi Francisco cuando decía que la mayoría de las veces lo que falta no es el trabajo, sino las ganas! Porque Francisco era de pocas palabras, pero muy certeras. Ya ves, ni tres días tardaron las niñas en encontrar trabajo, y es que cuando uno quiere, encuentra la manera. ¡Qué hijas tienes, Josefa! Dos mujeres, eso es lo que tienes, dos mujeres de las que sentirte bien orgullosa. Y tú, no te preocupes tanto, Josefa, que algo te saldrá. Sí, sí, ya sé que tú no has ido para estar en casa de brazos cruzados, pero todavía es pronto. Enrique tiene

razón, necesitas un poco más de tiempo para acostumbrarte a tu nueva vida. Llevas treinta y nueve años levantándote antes que los pájaros y sin parar hasta el anochecer. Ahora la vida te ofrece ser dueña y señora de tu casa, aprovecha y no te agobies, que solo llevas unos meses, seguro que en unos días más sale algo para ti. Igual Fita te encuentra para fregar platos en la cocina de algún restaurante, para eso no hace falta entender el francés, ¡o quién sabe!, a lo mejor tu cuñada Michelle te coloca para limpiar la casa de algún sultán. Si lo hace, quiero que me lo cuentes con detalles. Tú no desesperes, Josefa, y descansa ahora que la vida te da este respiro.

Aquí todo sigue como siempre. Poco a poco me voy haciendo a la idea de que Francisco ya nunca volverá, me voy acostumbrando a vivir sin él, pero a lo que no consigo acostumbrarme es a la soledad. Necesito alguien con quien hablar cuando llego a casa, aunque no me conteste. Al fin y al cabo, mi Paco era de pocas palabras, pero él me dejaba hablar y sabía escuchar. Ahora la casa está tan vacía sin él que algunas veces hasta me parece oír el eco de mis propios pensamientos. Nunca me había imaginado la compañía que puede hacer un ser humano simplemente con su presencia, porque, para ser sincera, con Francisco conversar, lo que se dice conversar, poco o nada, pero parece que su presencia lo inundaba todo, era como si estuviera en todas partes, aun sin hablar. El otro día llegaron las pruebas de Madrid, esas que tanto miedo le daban. Cuando Matías me entregó el sobre vi en su cara la lástima. Había adivinado, por el remitente, que de poco me iban a servir ahora esos resultados, fueran los que fueran. Ya en casa, dejé el sobre encima de la mesa de la cocina y por un buen rato dudé si tirarlo directamente a la basura, así, sin abrir. Al fin y al cabo, ¿qué importancia tenía ya lo que dijeran esas pruebas? Pero no lo hice. No me gusta la resignación, resignación es una palabra triste, y yo no me resigno, Josefa, pero acepto, acepto que no seré madre, no de la forma en que lo sois casi todas, hasta la Juani, que lleva siete y no se merece a ninguno por mala madre. Acepto porque es la única forma de liberarme; acepto para descansar, por fin, de esta lucha que me pesa tanto; acepto que esto es darse cabezazos contra la pared, no está escrito que yo sea madre. Parece que ese Dios tuyo, ese que tú dices que tanto te apoya cuando tú ya no puedes más, a mí no me quiere tanto, y la vida, la muy hija de puta, a mí todas me las da de cal. Pero voy a ser madre, Josefa, porque lo que no me pueden negar ni la vida ni tu Dios es lo que les sobra a los demás; si hay algo que no se le niega a nadie, eso es la limosna. Sí, ya lo decidí, el mes pasado hablé con la Juani, está embarazada por octava vez y accedió a darme a su bebé cuando nazca. Lo haremos todo legal.

Ella constará como madre biológica, pero me lo dará en adopción cuando nazca y podré registrarlo como hijo mío, todo como dice la ley. Le dije que lo pensara, que se informara por ahí y que, si decidía hacerlo, me pidiera un precio. Cuando me contestó que sí y me dijo el precio, me eché a llorar de rabia. ¿Cómo se puede dar un hijo por esa cantidad? Yo le hubiera dado mil veces más, pero ella con eso está más que conforme, lo único que quiere es quitarse una boca de encima. Para mí, mejor, porque todo lo que hubiese pagado por ese niño se lo daré cuando nazca. Además de mi amor, tendrá siempre lo mejor que yo pueda darle. Respecto del padre, no sabe quién es, pero como no está casada, nadie podrá reclamar ninguna paternidad. Alfredo y su hijo me han ayudado también en esta negociación. Me acompañaron al abogado y al notario cuando fui a informarme de todo, y me animan a seguir adelante con la idea. Dicen que demasiado tiempo me he esperado, que hace años que deberíamos haberlo hecho, y creo que tienen razón. No sé qué haría sin estos dos hombres.

Las pruebas confirmaron que Francisco era apto para ser padre, tan apto como yo. Al parecer, en su cuerpo no había ningún fallo, todo estaba tan perfecto como en el mío. Sin embargo, catorce años juntos y ni un solo embarazo. Desde el día que abrí aquel sobre no puedo evitar pensar que tal vez con su muerte me daba carta blanca para decidir, incluso más que eso, quizá su muerte ha sido el empujón que me hacía falta, el golpe definitivo que te abre los ojos, todo lo que necesitaba para dejar de esperar. ¿Esperar qué? ¿El milagro? Porque ¿sabes qué pienso, Josefa? Que nos habíamos acostumbrado tanto el uno al otro que tal vez, a un nivel inconsciente, ya nos bastaba con nosotros, y, seguramente, después de estos catorce años esperando el milagro, hubiesen venido catorce más, y después catorce más, y así, sin darnos cuenta, con este cariño nuestro del que íbamos tirando, se nos hubiese hecho tarde para todo.

Capítulo 17

Cuando el señor Scot recibió aquel telegrama procedente de Alaska con las nuevas demandas, no lo podía creer. ¿Cómo los habría convencido para que hicieran semejante cantidad de encargos? Al principio se preguntó si no sería una broma del muchacho, por lo que solicitó varias conferencias telefónicas con los nuevos clientes para confirmar los pedidos. A los pocos días, Enrique entró en la fábrica como un triunfador, y entre vítores y aplausos divertidos de los empleados de la cadena de producción, llegó, asombrado por tanto revuelo, hasta el despacho del señor Scot, que lo esperaba en la puerta sonriendo para palmearle la espalda y darle la enhorabuena con el mismo orgullo con el que lo haría un padre.

—Siéntate, por favor, creo que tienes mucho que contarme —le dijo invitándolo con la mano a sentarse en el sillón que tenía enfrente—. ¿Cómo conseguiste convencerlos? Nunca pensé que con una bonita sonrisa se pudiese conseguir tanto.

—¿De verdad cree que fue por mi sonrisa? —preguntó Enrique exhibiéndosela una vez más.

—¿Y qué si no? La tela es la misma y el frío también.

—Señor Scot, fabrica usted la tela más bonita del mundo, es normal que todos quieran tenerla —dijo Enrique.

El señor Scot, mirándolo fijamente a los ojos, le preguntó seriamente:

—En serio, dime, ¿cómo lo hiciste?

—Si usted mismo no cree en su propio producto, ¿cómo lo va a vender? Sus telas son las mejores, el mundo entero las quiere. Usted solo tiene que convencerlos de que las necesitan.

—Sí, pero ¿y el frío? Nuestras telas son demasiado finas para su clima. ¡Eso es lo que me decían siempre! —dijo Robert.

—Sí, a mí también me lo dijeron, pero los convencí para que las entretelaran. Se les puede coser, o incluso pegar, otra tela más cálida. Esta tela es fina, pero soporta bien el planchado —dijo Enrique orgulloso.

—Bueno, eso yo ya lo había pensado hace mucho tiempo, ¡pero les subiría mucho los costes!

—Seguro, pero a mí nadie se me quejó de los costes. Yo creo que nuestro trabajo es escuchar al cliente y darle una solución para lo que pide, no mostrarle los puntos negativos. ¡Eso es todo!

El señor Scot abrió el primer cajón de su escritorio, sacó un sobre que tenia preparado con un cheque dentro y mirando Enrique con el orgullo de un padre, deslizó el sobre por encima de la mesa y le dijo:

—Toma, muchacho, creo que te lo has ganado.

Enrique, sin abrir el sobre lo deslizó nuevamente hacia el lado del señor Scot.

—Me gustaría invertirlo en su empresa. Por favor, déjeme participar en este negocio estoy dispuesto a ir donde usted quiera mandarme —le dijo mostrando su magnética sonrisa.

A la semana siguiente, salió hacia Texas con un nuevo listado de posibles clientes, y de allí a Canadá. En menos de tres meses, la fábrica había tenido que crear una segunda línea de producción.

Capítulo 18

Enrique le había ofrecido el chófer de Michelle, pero Inés y Carlos tenían que visitar a una amiga en aquella parte de la ciudad y les venía de paso acompañarla a casa. Josefa, agradecida, se despidió de su cuñado y subió al coche de Inés. Desde que llegaron a Casablanca, Josefa le había cogido el gusto a los trayectos en autobús. Algunas veces, cuando podía escaparse de la portería, se subía en uno y se dedicaba a observar la vida desde allí. Aunque ya conocía algunas letras, todavía no sabía leer ni escribir, y había aprendido a contar las paradas con los dedos, memorizaba los edificios, los colores de las casas y hasta algunos carteles en francés. De modo que podía moverse sola por algunas zonas de Casablanca, pero Enrique y Michelle vivían demasiado lejos y ella nunca se aventuraba más allá de su área, no se sentía segura, así que cuando tenía que desplazarse a algún lugar lejos de casa, siempre la acompañaba alguna de sus hijas.

Aquel domingo, cuando Inés y Carlos la dejaron en el portal, vio el coche de Diego aparcado esperándolas. Cuando entró en casa, se cruzó con Rosa y Fita que salían disparadas hacia La Casa de España, con sus vestidos nuevos y los zapatos de tacón. A las siete empezaba el baile y, después de tantos días de espera, no querían perderse ni una sola canción. Ese día tocaba una banda americana a la que le habían dado tanta publicidad que nadie se la quería perder. Jano, el novio de Manoli, un chico de Seattle, perteneciente a una de las bases americanas de las que todavía quedaban por Marruecos, les había dicho que era una de las bandas más reconocidas de Estados Unidos, así que todos los jóvenes de Casablanca esperaban ansiosos el momento de escuchar y bailar sus temas. Las chicas le dieron un beso apresurado a su madre y se montaron en el coche de Diego, el enamorado de Fita. Lo había conocido tres semanas atrás, y, aunque todavía no habían salido ningún día los dos solos, el sábado siempre la pedía a ella para bailar. Desde hacía tres semanas no bailaba con otras. La semana anterior Fita se lo había presentado a su madre como un amigo más de la pandilla, pero en casa no paraba de hablar de él y Josefa podía ver un brillo especial en sus ojos cuando lo hacía. Trabajaba en la casa Volvo y era el único amigo que conducía. Antes de meterse en el coche, el chico levantó la mano tímidamente para saludarla, ella le devolvió el saludo desde detrás del cristal y vio como desaparecía el Volvo con sus hijas dentro.

Volvió a correr la cortina y, un sábado más, al recorrer con la mirada aquella habitación vacía de vida sin las niñas, no pudo dejar de preguntárselo: «¿Qué estoy haciendo yo aquí?» ¿Por qué se sentía tan sola en Casablanca? No entendía lo que le estaba pasando; a ella la soledad nunca la había asustado. En Valencia muchas veces la buscaba, le gustaba pasear sola por los campos o por la orilla del mar siempre que podía, ahora la soledad le pesaba. «¿Qué estoy haciendo yo aquí?» Volvió a la ventana para ver los geranios del alféizar, y comprobó con alivio que seguían allí tan nuevos, tan jóvenes, tan llenos de vida como sus hijas. Y entonces, al verse encerrada de nuevo entre aquellas cuatro paredes, se dio cuenta de que lo que le pesaba no era la soledad, era la casa, y tampoco era la ciudad, era la jaula. Aquella casa se le caía encima, desde que llegaron se sentía ociosa e inútil, no sabía coser, nunca había aprendido, ni siquiera hacía bien los embastes, las puntadas siempre le salían torcidas y desiguales, unas demasiado apretadas y otras demasiado flojas, y lo mismo le pasaba con la calceta y el ganchillo, no tenía un trazo regular, y al final sus trabajos eran un desastre. Prefería limpiar, cocinar o labrar, ahí era donde se sentía útil y segura. De repente, se le reveló como una evidencia qué era lo que la estaba apagando: le hacía falta más aire. Seguía siendo mujer de campo, necesitaba trabajar al aire libre, rodearse cada mañana de tierra, de naturaleza, para volver en las noches con el cuerpo dolorido y fatigado por el trabajo y descansar en el porche de casa bajo un cielo lleno de estrellas. Cerró la cortina y, por otro domingo más, se quedó en casa pensando en Amparo, en Casimiro y en la luna de Valencia.

Capítulo 19

Querida Josefa:

¡Cuánto me alegró tu última carta! Aunque a lo mejor no era la última, porque con lo mal que va el correo, a veces me llegan dos a la vez, y cuando leo la segunda, me doy cuenta, por la fecha, de que debería de haberla leído primero. ¡Qué orgullosa me siento de vosotras! Si ya te dije yo cuando nació que esa Fita nuestra iba a ser una espabilada. ¡Mira que conseguirte la portería! Es que siempre está alerta, siempre atenta a la oportunidad. Tú de portera, Josefa, ¡quién lo iba a imaginar! Porque yo te había imaginado de muchas cosas, pero de portera nunca. Tienes razón en que es muy poco lo que te pagan. Sí, seguro que ganarías más limpiando casas, pero mientras las casas aparecen, mira la

parte buena y aprovecha todo ese montón de horas vacías sin poder hacer nada para aprender algo. Tú sigue escuchando la radio que os regaló tu cuñado Enrique, que, aunque los seriales y las novelas sean en francés, seguro que vas aprendiendo algunas palabras sin darte cuenta, y así, a lo tonto, a lo mejor en lo que vuelve el pobre señor Hafid y reclama su portería, tú ya has aprendido el francés y la Fita te ha encontrado ya algunas casas para limpiar. También puedes ir aprendiendo las letras en español, Josefa, porque ahora no necesitas llamar a la puerta de nadie. Como estás en la portería, cada vez que entre o salga algún inquilino, pregúntale por alguna letra o alguna palabra y memorízala. Como todos son españoles, sabrán las letras, y seguro que estarán encantados de ayudarte. A la gente le gusta demostrar lo que sabe, aprovéchalo. Haz caligrafía, aunque no entiendas lo que pone, eso da igual. Tú escríbelo para aprender a trazar la forma de las letras. Ojalá la próxima carta que reciba tenga una letra fea, tan fea como la mía, pero tuya, eso me alegraría mucho.

Digo yo que ya habrás visto la foto. Te la he puesto para que veas que sonreímos los dos, pues, a pesar de todo, fue un día lleno de sentimientos. Él me dijo que, si lo hacíamos, lo hacíamos bien, con alegría, con vestido bonito y con foto. Y supongo que desde que la has visto, te estarás preguntando todo el rato por qué.

Pues no, no lo hice por amor, Josefa, yo no lo amo, y él lo sabe. Nunca podré querer a otro hombre como quise a mi Francisco, y aunque eso lo tengo claro, desde que él se fue, me he dado cuenta de muchas cosas. He descubierto que, con el tiempo, la pena se va calmando, pero en la misma proporción en la que la pena se va calmando, mi rabia ha ido creciendo, hasta convertirme en la mujer furiosa, llena de cólera que soy ahora, porque su ausencia me ha hecho tomar consciencia de que, además de amarlo, sin yo saberlo, lo necesitaba. En estos meses he descubierto que su muerte no solo me dejó sola, sino que me dejó también indefensa. ¿Qué te parece, Josefa? Yo, que ni a la muerte le he temido nunca, que siempre me he creído capaz de enfrentar cualquier cosa, ahora descubro que ser valiente aquí no me sirve para nada. Primero por la guerra, después por la posguerra. En este país de mierda, en el que yo todavía vivo, y en el que, a pesar de todo, quiero seguir, una mujer sola no puede tener sueños. Y por eso lo he hecho, Josefa, porque me niego a renunciar a los míos. Ninguna ley de mierda me va frenar para conseguir lo que quiero. Lo he hecho porque tengo sueños, pero soy mujer, y la ley española dice que necesito un hombre que me autorice para vivirlos. No, no me he equivocado de palabra, porque yo ayuda, lo que se dice ayuda, no era lo que necesitaba, pero sí una autorización. El niño de la Juani, mi hijo, nacerá pronto, ella no sabe cuándo, pero el otro día fuimos al médico para que la explorara y nos dijo que estaba muy avanzada. Probablemente lo parirá antes de un mes. El médico nos confirmó que todo parecía ir bien. Por la tarde Alfredo y su hijo me acompañaron al abogado para que preparara los papeles de la adopción. Necesitaré su nombre y apellidos completos. La primera vez que vinieron no me los dejó. Le dijo el abogado mirando a Alfredo: «¿Mi nombre para qué?» «¡Hombre, usted es el marido! Tendrá que constar como padre». Entonces nos entró la risa. «No, no, se confunde usted, yo solo soy el vecino, un amigo de la familia, y este es mi hijo». «Ah, bueno, pues dígame, Amparo, el nombre de su marido». «Soy viuda, don Ricardo» «¿Viuda? ¿Y cómo pretende usted adoptar, señora? La ley no permite la adopción a una mujer sola. Lo siento mucho, creía que usted conocía ese requisito. En nuestro sistema legal actual la mujer carece de personalidad jurídica, lo que la imposibilita para realizar contratos, y la adopción, a fin de cuentas, es un contrato».

Tres días me pasé llorando. Cada vez que Alfredo y su hijo venían a verme y me veían la cara tan hinchada, me pedían que dejara de llorar, me decían que me animara, que al fin y al cabo lo de la horchatería estaba ya decidido, y en cuanto firmásemos la compra del local y empezaran los trabajos, tampoco iba yo a tener demasiado tiempo para criar niños. Esos días lloré, lloré sin descanso toda la furia que llevaba dentro. Por las lágrimas solté la ira que me había invadido en aquel despacho, y cuando finalmente me sentí vacía, decidí que ningún sistema legal me iba a detener. Ni una lágrima más me iba a sacar a mí el puñetero sistema legal, porque yo, la personalidad jurídica esa igual no la tengo, pero de la otra, de la normal, voy sobrada. El cuarto día me levanté de la cama decidida, me arreglé y cuando Alfredo y su hijo entraron a la hora del almuerzo, les pedí que se sentaran a la mesa, que tenía algo que decirles. «Cásate conmigo, Alfredo». Así, a bocajarro se lo solté, sin preámbulos ni rodeos. Él no se sorprendió, parecía adivinar que se lo iba a pedir, pero me dijo que no. «¿Por qué no?», le pregunté. «Porque tú a mí no me quieres, Amparo». «Pero tú a mí, sí», le dije yo, «y eso a mí me basta». «¿Y hasta cuándo te bastará? Te doblo la edad, Amparo. Tú todavía eres muy joven». «Soy joven, pero no soy ninguna cría. Me bastará para siempre», contesté. «Te conozco desde que nací, sé cómo eres, y yo sé que me bastará. Hasta que me muera seré tu mujer, y me comportaré como tal si accedes a ser el padre de ese niño». «Venderías tu alma al diablo por ese niño, ¿verdad, Amparo?», me dijo. «No, Alfredo, al diablo, no, pero a un hombre bueno que sé que siempre me ha querido, sí», le contesté.

Ese mismo día por la tarde fuimos a ver al cura. No nos lo puso fácil; otra vez la puñetera ley. «Las mujeres que están guardando luto no se pueden casar», afirmó. Nos dijo que volviéramos en unos meses, cuando yo hubiera terminado el luto, pero yo a mi niño lo quiero ya, desde el momento que nazca lo quiero conmigo. Ya he hablado con Asunta, la mujer de Vicente, el albañil, que tiene leche de sobra y se ha comprometido a ser la nodriza. Además, no me fío de la Juani, esa es capaz de cualquier cosa. Al final todo se arregló como se arreglan las cosas ahora en este país: un generoso donativo para la iglesia y accedió a poner las amonestaciones al día siguiente.

Ya ves, Josefa, a fin de cuentas, nada me va a impedir ser madre, ni la ley, ni la vida, ni tu Dios, ni la puta roja, que, por cierto, hace casi tres meses que no la veo. Sí, se me fue con el marido. Fui al médico, me dijo que ya tengo edad para el retiro y que seguramente no la vuelva a ver. Pues mejor, para lo que me ha servido a mí esa. Ya no necesito echar mala sangre para deshacerme de los enojos, pues en cuanto tenga a mi pequeño, pocos de esos voy a tener. Y mira, si alguno me viene, lo soltaré por los poros, me bañaré en el mar y allí, en el Mediterráneo, quedarán mis penas y tristezas, disueltas para siempre en su sal.

Un beso muy grande para las niñas y otro para ti. Escribidme pronto y contadme muchas cosas, que siempre me alegra saber de vosotras.

Tu amiga Amparo.

Capítulo 20

Desde mil novecientos veinticuatro, la tienda Macy's de Nueva York, situada en la Calle 34, era la tienda por departamentos más grande del mundo. Allí se vendían toda clase de productos, y en pocos años se había convertido en el lugar favorito de los neoyorquinos para hacer sus compras. A su regreso a la ciudad, pasearse por esos grandes almacenes era también para Enrique su pasatiempo preferido. Desde que volvió de Alaska, su vida había dado un cambio radical, y ahora, cuando no estaba viajando, disponía de tiempo y de dinero, dos cosas que antes no tenía y que a menudo se le iban en esos grandes almacenes. La primera, el tiempo, se le pasaba volando en la sección de telas de la segunda planta, donde se podía encontrar la mayor variedad de tejidos y tapices de venta al por menor del país, incluidas, por supuesto, las telas del señor Scot. La segunda, el dinero, se lo dejaba casi siempre en la quinta planta, donde estaba la librería más surtida de toda la ciudad por aquel entonces. Allí lo aguardaban, a su regreso de cada viaje, las últimas novedades literarias, las obras recientes de sus autores favoritos: Ernest Hemingway, Somerset Maugham, Lajos Zilahy, John Steinbeck. Un día, recién llegado de Atlanta, donde acababa de pasar diez días de difíciles negociaciones con un nuevo cliente, después de comprar *El alma se apaga*, la última novela de Lajos Zilahy, decidió darse una vuelta por la sección de las telas, allí se interesaba por el estado de ventas de las telas del señor Scot, además, siempre aprendía algo nuevo sobre tejidos o texturas, pues Janett, la guapa dependienta, siempre lo sorprendía con alguna tela nueva de colores imposibles o de textura desconocida para él. Ese día se acercó a la mesa con la mente abierta como siempre y dispuesto a dejarse sorprender y aprender algo nuevo. Cuando llegó al mostrador, encontró a Janett con su elegante uniforme azul marino, agachada en el otro lado, buscando algo afanosamente entre los últimos cajones. Se asomó divertido y le dijo:

—¿Se ha escapado tu hámster? ¿Puedo ayudarte a encontrarlo?

—¡Oh no, señor! No se preocupe, solo buscaba las tijeras —dijo la dependienta poniéndose de pie apresuradamente mientras se bajaba la falda con una mano y se arreglaba un mechón de pelo rebelde con la otra—. Alguien ha debido de ponerlas en algún lugar que no es el suyo y no hay manera de encontrarlas. Tendré que bajar a pedir otras. Dígame, señor, ¿en qué puedo ayudarle?

Esa fue la primera vez en la vida que a Enrique se le borraron las palabras.

—Oh... mmm... disculpe... ohh... pensé... lo siento, la confundí con Janett —dijo Enrique desconcertado.

—Bueno, Janett se casó el mes pasado y dejo el trabajo, pero si me dice lo que anda buscando, tal vez yo pueda ayudarle, seguro que podemos encontrar algo. ¿Qué es lo que busca? ¿Quizá tela para un vestido para su madre? ¿Para unas cortinas? ¿Tal vez un vestido para su mujer? —decía la muchacha mientras lo interrogaba divertida con la mirada.

Cuando por fin Enrique recuperó el habla, le dijo:

—Oh, sí, sí, disculpe, es usted tan bonita que casi se me olvida a qué he venido.

La chica, ruborizada por el piropo, le dio las gracias.

—Sí, bueno, sí, ehhh... Busco tela para un vestido —dijo él.

—¿Qué clase de vestido, señor? ¿Un vestido para la noche, o tal vez un vestido de calle, para diario? ¿Buscaba algo en particular? Se lo digo porque si está pensando en un vestido de noche, acabamos de recibir la pieza más bonita que podrá usted encontrar en ningún sitio. Permítame que se lo muestre, señor. Venga conmigo. Mire qué caída y qué textura. ¿No le parece un tejido muy especial? —preguntó la dependienta deslizando la tela por su brazo—. ¡Oh, señor, lucir un vestido con esta tela tiene que ser un sueño para cualquier mujer! Mire, es una mezcla de seda y satén. Fíjese cómo cae sobre el cuerpo, ponerse esto sobre la piel será como, como... —dijo la muchacha pensativa, buscando las palabras en su mente— ¡como darse un baño entre las nubes!. La mujer que lleve un vestido con esta tela se sentirá la reina del mundo. Y fíjese qué color más conseguido, quedaría bien con cualquier tono de piel. ¿Cómo es la piel de su mujer? —le preguntó ella soñadora, con la mirada perdida.

—Oh, pues así, parecida a la suya. A ver, ¿me haría usted el favor de acercársela a la cara a ver qué tal le queda? —le pidió Enrique.

—Claro, señor —contestó la muchacha presumida mientras se deslizaba la tela por el cuello.

—Sí, sí, esto es lo que andaba buscando. Me la llevo.

—No se arrepentirá, señor, es una tela cara, pero seguro que su mujer se lo merece.

—Bueno, en realidad todavía no es mi mujer —contestó Enrique.

—Oh, señor, pues cuando le regale usted este corte, no tardará nada en poner la fecha de boda, espero que pase por aquí a contármelo —dijo ella coqueta.

—Tenga por seguro que lo haré.

Enrique cogió la bolsa con la tela y, con su mejor sonrisa, le preguntó:

—Disculpe, ¿cómo me ha dicho que se llamaba?

—No se lo he dicho, señor. Me llamo Michelle.

Capítulo 21

—¿Y qué cuenta tu amiga Amparo? ¿Ya han encontrado el local para la horchatería? —preguntó Enrique, siempre con la cabeza en los negocios.

—Pues parece que sí, porque en la última carta todo eran alegrías. Al final se han quedado el local ese de la calle mayor. ¿Te acuerdas del bar Ramón, ese pequeñito que después ampliaron cuando se quedaron la casa de al lado? Pues parece que al final han llegado a un acuerdo, yo creo que ahora ya habrán firmado, porque me dijo que tenían cita en el notario para esta semana. Dice que hay mucho para reformar y querían que los albañiles entraran cuanto antes, porque, aunque para esta temporada de horchata ya no llegan a tiempo, su idea es abrir todo el año. En invierno será cafetería churrería. Quiere servir chocolate con churros. En fin, creo que esta será la última temporada que verán a Amparo pasearse por el pueblo con el carrito de la horchata —dijo Josefa orgullosa de su amiga—. Lo que no sé es cómo se las arreglará con los dos carritos a la vez, porque tendrá que llevarse a la niña cuando salga a la venta. No creo yo que acceda a dejarla con nadie. Lo mismo la lleva atada a la espalda con un pañuelo, como aquí algunas moras, o a lo mejor Antonio, el carpintero, le ha puesto algún añadido al carro, como una moto con *sidecar* —dijo riendo de su propia ocurrencia—. No sé, pero, sea como sea, sus últimas cartas son muy diferentes de las de hace unos meses. Ahora está rebosante de felicidad. ¿Será cierto eso de que los bebés son quitapenas? ¡Yo estoy tan contenta por ella! Se merece ser feliz. ¡La veo tan dichosa, tan llena de proyectos!

—¿Has dicho niña? Entonces ¿al final fue niña? Pues ella prefería niño, ¿no? —preguntó Michelle sumándose a la conversación.

—Bueno, ella decía que le daba igual, por supuesto, pero que como ya había visto crecer a Rosa y a Fita, pues un niño tal vez sería una nueva experiencia, pero fue niña, y como Alfredo ya tiene un chico, pues nada, al final están encantados con la niña. Amparo madre por fin —dijo Josefa pensativa—. Es que no me lo puedo creer. ¡Cómo me gustaría verla por un agujerito!

—Ese Alfredo parece un buen hombre. También era viudo, ¿no? —preguntó Enrique.

—Sí, toda una historia la de Alfredo. ¿No te acuerdas de él? —preguntó Josefa—. Su primera mujer también era mucho más joven que él, murió en el parto y lo dejó solo, y con un hijo. ¡Qué poco le duró el amor al pobre hombre! La verdad es que también me alegro por él. Amparo, además de ser alegre y decidida, sabe hacerse querer, siempre pendiente de los que están a su alrededor. ¡Cómo la echo de menos!

En ese momento, Inés y Carlos entraron en el salón. Enrique y Michelle se levantaron para abrazarlos.

—¡Qué guapa estás, hermana! Te sientan bien los aires del desierto.

—¡Hombre, por fin nos vemos! Ya dudaba de si estarías en casa o te habría surgido algún viaje de última hora. He visto a Josefa y a las niñas más en estos meses que a ti en casi tres años que llevo aquí. ¡Qué caro eres de ver, hermano! Siempre de rodeo por el mundo —dijo Inés.

—Bueno, tampoco es que vosotros hayáis estado muy quietecitos. Primero París, después Suiza y ahora aquí —dijo Michelle.

—Es lo que tiene tener un marido militar, pero parece que aquí ya nos quedamos —dijo Inés mirando risueña a su marido—. Lo cierto es que nos costó bastante acostumbrarnos a este país, más que a ningún otro sitio, creo yo, pero la verdad es que ahora estamos muy bien, y el puesto de Carlos aquí es el mejor que ha tenido, ¿verdad, cariño? Él está bien y yo también. A ver si por fin podemos comprarnos una casa que sea nuestra. Por cierto, hablando de acostumbrarse, ¿cómo vas tú, Josefa? ¿Cómo llevas lo de la portería?

—Bueno, pues lo mismo que tú, también me está costando, pero, poco a poco, me voy acostumbrando. Al principio me desesperaba tantas horas allí sentada viendo pasar a la gente, pero ahora subo a limpiar la casa del señor Cruz Herrera. Solo son tres horas a la semana, pero por lo menos ya me saco un poco más, y los de la puerta catorce, que son nuevos, también me han pedido que suba a limpiar un día por semana. Parece que van saliendo cosas, y, además, don Pelayo, como ya está retirado, se ofreció a enseñarme a leer, y muchas tardes baja con el libro y está un rato conmigo. A veces me pone deberes y todo —dijo Josefa divertida.

—Eso está muy bien, Josefa. Nunca es tarde para aprender a leer. Cuando aprendas a hacerlo, desaparecerán para siempre las horas aburridas, te lo garantizo —se apresuró a intervenir Enrique, incapaz de concebir la vida sin la lectura.

—Sí, claro, pero yo lo que quiero es trabajar, que digo yo que para eso hemos venido a este país, ¿no?

—¡Nada de eso, Josefa! —le contestó su cuñada Inés—. Aquí has venido para vivir y disfrutar, y si puede ser trabajando menos, pues mejor que mejor. ¿Para qué crees tú que quería venir Casimiro? ¿Para matarse a trabajar? Pues estás muy equivocada. Mi hermano era muy trabajador, pero sabía disfrutar y divertirse como el que más. Josefa cambió la expresión, siempre se ponía tensa cuando salía Casimiro en la conversación.

—Seguro que si estuviese aquí, te diría que no pensaras tanto en trabajar y que salieras de vez en cuando a bailar, que aquí estas para vivir. ¿Te acuerdas de cómo le gustaba bailar? —continuó Inés.

—¿Cómo no me voy a acordar, Inés? Siempre era el primero en salir a la pista. A mí me daba apuro verlo siempre tan dispuesto a la diversión —dijo Josefa siempre tan santurrona.

—¡Ay, Josefa! Nunca cambiarás. Siempre pensando en trabajar. Ya te lo decíamos Casimiro y yo en el pueblo, la vida no es solo trabajar, hay vida más allá de las tierras, ¿recuerdas? ¿Cómo te educaron, Josefa? ¿Siempre pensando en la virtud del sacrificio? ¿Quién te hizo pensar que gozar de la vida es pecado? Yo también soy cristiana, cuñada, pero me da a mí que mi Dios no tiene nada que ver con el tuyo. A mí no me juzga cuando me divierto. El mío está de mi parte, no quiere verme triste, al contrario, a menudo me recuerda que me dio la vida para que la disfrutara —dijo Inés riendo divertida.

—Mi hermana tiene razón, Josefa, no somos gatos, solo tenemos una vida por cabeza, y no parece muy inteligente vivirla sin disfrutar —contestó su cuñado Enrique.

Josefa bajó la mirada, llorosa, pensando sin duda en Casimiro.

—Anímate, cuñada. Hace ya mucho que mi hermano se fue. Nadie nos lo va a devolver, pero, dondequiera que esté, te aseguro que él quiere verte disfrutar —dijo Inés.

—Sí, hace mucho que se fue, pero no se habría ido si yo hubiese aceptado venir aquí cuando Enrique nos lo propuso. Ahora estaría aquí con nosotros, y esa es una idea constante en mi cabeza desde que llegué. ¡Él tenía tanta ilusión por venir! Me lo pidió tantas veces cuando vino Enrique, y ahora no puedo evitar sentirme culpable por haber venido. Algunos días cuando me despierto y veo donde estoy, tengo la horrible sensación de que le estoy robando su sueño, no lo puedo evitar —contestó Josefa al borde del llanto.

Hacía casi dieciséis años que Enrique había aparecido por el pueblo con aquel coche tan llamativo y aquella propuesta que tantos quebraderos de cabeza le causaron a Josefa para el resto de su vida.

Después de concretar junto con el señor Scot el plan de actuación para la creación de la nueva planta en Casablanca, Enrique se dispuso a hablar con Michelle, esta vez el viaje no iba a ser como los demás, probablemente pasarían varios meses, tal vez un año, antes de que pudiese regresar a Nueva York. Además, la envergadura de este proyecto no le iba a dejar muchos ratos libres, y la distancia era demasiado grande para poder hacer alguna escapada sorpresa solo para pasar una noche con ella, como había hecho en alguna ocasión. Los momentos de ocio iban a ser pocos, y las horas de vuelo demasiadas para poder hacerlo, pero estaba enamorado de Michelle y le torturaba la idea de estar tanto tiempo sin verla. La amaba y pretendía llevársela con él, así que esa misma noche la invitó a cenar a un restaurante de moda en Broadway y le pidió que se casara con él y que lo acompañara a Casablanca. Michelle no lo dudó ni por un minuto. Con lágrimas de emoción le dijo que sí. Desde el mismo día que se lo encontró esperándola a la salida de Macy's con ese aire divertido para entregarle la bolsa con aquella tela tan bonita, supo que sería capaz de llegar hasta el mismo infierno detrás de aquella sonrisa. Michelle, una chica francesa, moderna y alegre, había llegado a Nueva York después de la muerte de sus padres, con solo nueve años de edad, y su abuela, viuda desde muy joven y con una mentalidad muy adelantada para su tiempo, la había educado con mucho cariño, inculcándole siempre el valor de la autosuficiencia y la libertad. Le decía que el amor era necesario para la vida, pero los hombres, no. Por eso, si alguna vez se casaba, tenía que hacerlo solo por amor, nunca por necesidad. Había fallecido dos años atrás, y había dejado a Michelle sola en el mundo.

Michelle nunca imaginó que su vestido de boda seria de color malva, siempre había pensado que sería blanco, como el de las novias, pero todavía no había tenido ocasión de estrenar el vestido que había mandado coser con la tela que él le había regalado, y aunque no era demasiado apropiado para una boda, ella decidió ponérselo por el significado que tenía aquella tela para ambos. Cuando Enrique la vio salir de la habitación con aquel vestido, se dio cuenta de lo mucho que la amaba.

—¿Qué tal se está ahí dentro? ¿Es realmente como un baño entre las nubes?

—Es mucho mejor, pero no temas, me bajaré de ellas sin dudar para estar contigo cuando volvamos —contestó ella coqueta y picarona.

En Casablanca Enrique adquirió un coche de importación, que le facilitaría los desplazamientos por el país, era el último modelo de Ford que habían lanzado al mercado los americanos, y tal vez, cuando el proyecto estuviese finalizado y la fábrica en pleno funcionamiento, podrían viajar con él hasta España para presentarle a Michelle a sus padres. A la llegada a Casablanca, alquilaron una casa y Michelle, alegre, entusiasta y fácil en el trato, no tardó en hacerse un hueco entre las mujeres del protectorado. De modo que, a las pocas semanas de haberse establecido allí, ya contaba con un bonito círculo de amistades en Casablanca, amigas con las que podía salir a merendar por las tardes y entre las que encontró un gran apoyo para adaptarse al país, algunas tan especiales que se convirtieron en su familia y con las que sabía que podía contar para todo, como Fátima, la mujer de Mohamed, que no tardó en convertirse en su principal apoyo, en esa hermana que nunca tuvo. Los primeros meses Enrique se pasaba muchas horas en la fábrica, y Michelle, emocionada con su nueva situación de mujer casada, lo esperaba cada día con más ilusión, siempre dispuesta y enamorada. Para entretenerse se volcó a la decoración de la casa hasta convertirla en un hogar para los dos, un lugar donde Enrique recargaba la energía cada tarde, fueron meses de trabajo duro, pero de mucha ilusión para ambos. Cuando, finalmente, y tal y como él había planeado, la primera línea de producción se reveló como insuficiente, dejó a Mohamed al frente de la planta y decidió subir hasta París en busca de nuevos inversores.

Algunos años más tarde, durante la Segunda Guerra Mundial, gracias a estos inversores la fábrica multiplicaría los beneficios de manera desorbitada.

De camino a Francia, pasó por España. Michelle no pudo acompañarlo, estaba en el primer trimestre del embarazo y se ponía a vomitar cada vez que subía a un coche. Eran demasiadas horas de trayecto y decidieron que ya viajarían juntos a España en una próxima ocasión. Hacía ocho años que había salido de su casa con lo puesto y una vieja maleta llena de ilusiones, y ahora volvía, con veintinueve años de edad, como un triunfador, aunque solo iba de paso, para visitar a sus padres y hablar con sus hermanos.

En Madrid, Manuel Azaña acababa de ser elegido democráticamente como presidente de la república, y Enrique, que siempre fue muy moderado en temas de política, aunque no compartía del todo la visión de su padre y sus hermanos, sabía que estarían contentos con la victoria del frente popular, pero había escuchado rumores de que desde el protectorado español en Marruecos se preparaba un golpe de estado, así que en pocos meses España dejaría de ser un lugar seguro para ellos. Cuando entró en el pueblo con aquel traje y el Ford, ningún vecino lo reconoció, y él, divertido y orgulloso, los sorprendía con esa sonrisa tan suya que desde pequeño fue su signo de identidad. Después de abrazar a sus padres entre exclamaciones, abrazos, y llantos emocionados por parte de su madre, se fue con su hermano Casimiro al Bar Ramón, el centro de reunión de todos los hombres del pueblo. Allí se sellaban acuerdos, se establecían los precios del arroz y de los naranjos, se pagaban jornales, y hasta se vendían cosechas. Los domingos el bar se llenaba también con las mujeres y los niños, que llegaban con sus maridos, nunca solas, para tomar el vermut antes de la comida. De manera que los fines de semana a Ramón y a su mujer siempre les faltaban mesas. Por eso cuando la casa de al lado se puso en venta, no dudaron en adquirirla para ampliar el local, y ahora el Bar Ramón era el lugar donde se reunía casi el pueblo entero. Cuando Casimiro entró en el bar acompañado de Enrique, los hombres se acercaban intrigados y curiosos a saludar, algunos con timidez, otros con verdadera admiración. Entre cervezas y aceitunas, se pusieron al día se sus vidas y de sus sueños, ocho años daban para mucho, y, finalmente, cuando ya se dirigían hacia el coche, Casimiro le comentó a su hermano la transcendencia en el pueblo de la victoria del frente popular.

—Precisamente de eso he venido a hablarte —contestó Enrique—. Yo vengo de África, allí los rumores de un golpe militar inminente son incesantes. Dicen que las tropas españolas de Ceuta y Melilla están preparadas, Si el golpe prospera, aquí vais a pasarlo mal, Casimiro. He venido a ofrecerte una salida. Mi patrón acaba de invertir en la creación de una nueva fábrica en Casablanca, si os venís conmigo, allí no os faltará trabajo y, por lo menos, no estaréis en el punto de mira. Sé que padre no vendrá y Rosendo tampoco, pero tú podrías pensarlo —concluyó.

A Casimiro se le iluminó la sonrisa y apareció en su cara aquella mirada suya, tan soñadora y valiente, pero le dijo que ahora Josefa era su esposa y, además, tenían una niña, así que debía comentarlo con ella antes de tomar una decisión.

—Por supuesto, es lo normal. Hacédmelo saber cuando la toméis —contestó Enrique abrazando a su hermano antes de subir al coche.

—¡Ay no, Josefa, por favor! No puedes seguir martirizándote de este modo después de casi quince años —dijo Michelle.

—Sí, ya lo sé, pero esto en España no me pasaba, es solo desde que llegamos aquí. ¡Me insistió tanto para venir y yo siempre le dije que no! ¡Y ahora veo a la gente de aquí tan frívola! Todos parecen tan felices aquí que me come el remordimiento —contestó Josefa.

—¡¿Frívola?! La gente está harta de penas, aquí y en todas partes. Los de nuestra generación hemos vivido dos guerras, y ya pasamos nuestro duelo con los años de posguerra. Ahora la vida sigue, y los que continuamos aquí, los que hemos sobrevivido a la guerra y a la posguerra, que en algunos sitios fue casi peor, ya no queremos sobrevivir más, hemos aprendido que sobrevivir es vivir a medias, ahora queremos vivir. A todos nos robaron algún sueño, todos perdimos a seres queridos, pero, a pesar de ello, estamos aquí, y ahora más que nunca merecemos olvidarnos del pasado, pasar página y seguir adelante sin miedos.

Apenas dos años después de esta conversación, las tensiones entre los franceses y el sultán Mohamed V, alcanzaron tal magnitud que todos los extranjeros empezaron a abandonar el país. Las reyertas y los conflictos acabarían con el exilio de Mohamed V y la inseguridad creció como nunca antes en todo Marruecos.

Capítulo 22

Al salir de Macy's Enrique se encaminó hacia la treinta y seis, dispuesto a pasar la tarde en el Jack's Coffee. El dueño, su antiguo jefe, siempre se alegraba al verlo entrar por la puerta.

—¡Hombre, mira quién ha venido a vernos! Ya tenemos aquí al planificador. Pasa, chico, pasa. Venga, cuéntanos qué planes te traes ahora entre manos —dijo su exjefe saliendo de la barra para darle un abrazo y un fuerte apretón de manos.

Durante los meses que había trabajado en el Jack's Coffee, Enrique llegó a cogerle un gran cariño a su antiguo jefe. Siempre recordaba agradecido que aquel hombre, sin conocerlo de nada, le había dado, además de trabajo, un techo, un lugar en el que vivir, pues accedió a alquilarle una habitación en su propio apartamento, el piso de arriba de la cafetería, por un precio más que razonable. El señor Jacks, un hombre ya en la mediana edad, no se había casado nunca ni se le había conocido jamás novia ninguna. Era hijo único, y a la muerte de sus padres había heredado un local que pronto convirtió en cafetería y que sería para siempre su único medio de vida. A pesar de estar solo en la vida, sin familia de ningún tipo, era un hombre alegre y comunicativo. Decía que sus clientes eran su familia y trataba con cariño y respeto a todos sus empleados. No les pagaba nada mal. Además, sabía motivarlos para que hiciesen bien su trabajo, y a algunos llegaba a tratarlos como si fueran sus hijos. Este había sido el caso de Enrique, que, desde que apareció por la puerta del local con su magnética sonrisa para pedir trabajo, había hecho que el señor Jacks cayera rendido a sus pies. Enseguida pudo ver que aquel muchacho sería una buena inversión para su negocio; aquella sonrisa y ese acento extranjero, tan atractivo como sutil, le traerían buenos clientes, y, ciertamente, no se equivocó, pues durante los meses que Enrique trabajó allí de camarero, la cafetería cogió un auge desconocido hasta entonces. La construcción del Empire State a solo dos manzanas de allí le había traído gran afluencia de clientela, que, más tarde, el buen hacer de sus empleados, así como la amabilidad y disposición del señor Jacks, consiguieron afianzar. Enrique nunca le ocultó sus planes a su jefe, desde el principio le confesó que estaba allí de paso, pues su intención no era establecerse en Nueva York, al menos por el momento, sino viajar por el mundo. Le contó que su deseo más inmediato era viajar a Alaska, y en cuanto consiguiera reunir el dinero suficiente para comprar el billete, se montaría en el primer avión y dejaría el trabajo y la habitación. El señor Jacks agradeció la sinceridad del muchacho y, cuando algunos meses más tarde Enrique le comunicó que se marchaba, el hombre le dijo que le había tomado un gran cariño y, después de desearle mucha suerte, le hizo saber que allí siempre tendría un lugar al que volver si algún día le hacía falta. Ahora siempre que regresaba de algún viaje y estaba unos días en la ciudad, Enrique se pasaba por la cafetería para saludar a aquel hombre tan bueno y ponerlo al día de sus progresos en la vida. Además, aquella cafetería siempre le había parecido un lugar acogedor, le gustaba el ambiente y la decoración, le atrapaba la atmosfera de aquel lugar en el que siempre se había sentido tan a gusto, especialmente en la mesa del fondo, situada junto a una gran ventana, que con el tiempo se había convertido en uno de sus rincones favoritos de toda la ciudad para pasar una tarde de lectura.

Joss, su antiguo compañero, un chico tímido y apocado de Illinois que a los doce años se había trasladado a Nueva York para vivir con una vieja tía solterona, trabajaba en el Jack's Coffee prácticamente desde que había llegado. Era un chico sin muchas luces, pero tan alegre y trabajador que el señor Jacks, siempre dispuesto a ver lo mejor de cada ser humano, se había acostumbrado de tal manera a su presencia que ya no podía imaginar el Jack's Coffee sin él.

—Acércate, Joss, mira quién ha venido a vernos —le gritó. El chico terminó de servir la mesa de unos clientes y se acercó risueño para darle un tímido abrazo a Enrique.

—Bueno, cuéntanos, ¿ya te has hecho rico? Por tu aspecto parece que no te va nada mal. Cada vez que vienes se te ve más elegante —dijo su exjefe, divertido y orgulloso a partes iguales.

—Bueno, rico todavía no, pero estoy en camino —contestó Enrique risueño.

—Seguro que tienes algún plan para conseguirlo. ¡Venga, cuenta!

—Bueno, ahora mismo mi plan más inmediato es casarme —dijo Enrique divertido.

—¿En serio? No me digas que por fin hay una chica que ha conseguido robarte el corazón. Y ¿para cuándo es la boda? —preguntó Jacks.

—No sé, tal vez para dentro de algunos meses.

—Bueno, pues cuenta, muchacho, dinos quién es ella y cómo y dónde la conociste —preguntó su exjefe.

—Se llama Michelle y la he conocido hace diez minutos en la segunda planta de Macy's —contestó Enrique sonriendo.

—¿Solo diez minutos y ha accedido a casarse contigo? Eres mi héroe preferido —dijo Joss.

—Bueno, en realidad ella todavía no lo sabe, pero no creo que tardemos más de un año en casarnos —contestó Enrique.

—Y ¿qué sabes de ella? ¿Qué has averiguado en cinco minutos? —preguntó su exjefe.

—Que se llama Michelle, que trabaja de dependienta en la sección de telas de la segunda planta de Macy's, que tiene la cara más bonita y las piernas más largas y sexis que un hombre pueda imaginar, y que antes de un año será mi mujer —dijo Enrique entornando los ojos y sonriendo.

—¿Eso es todo? Pero ¿y si tiene novio? ¿O si ya está casada? —preguntó Joss preocupado.

La cara de Enrique palideció por un momento. De repente, se puso serio y pensativo ante la pregunta que le acababan de hacer, mientras que su exjefe y Joss lo miraban fijamente esperando su respuesta.

—Oh, pues, lo cierto es que ni siquiera había pensado en esa posibilidad, pero, en ese caso, su marido o su novio se llevará un gran disgusto cuando se entere de que va a casarse conmigo. Los tres soltaron una fuerte risotada ante aquel comentario y Enrique, después de pedirle a Joss que le sirviera un café solo sin leche y sin azúcar, se sentó en su rincón favorito dispuesto a pasar una tranquila tarde de lectura en compañía de Lajos Zilahy.

Capítulo 23

Ya he dicho que sí, Casimiro, ya he dicho que sí. Aquí estoy. No lo he hecho por mí, yo aquí no me encuentro, lo hice por las niñas, que no dejaban de pedírmelo, sobre todo Fita, a la que casi no conociste, pero que es igualita que tu; lo hice por mi padre, que me dijo que el mundo es para los valientes, y lo hice por ti, sobre todo por ti, por tu recuerdo, por tu memoria, te lo debía. Te lo debía y aquí estoy. Y ahora me pregunto: ¿Qué hago yo aquí? Encerrada todo el día entre estas cuatro paredes entre las que no me encuentro. No, Casimiro, yo aquí no me encuentro, yo soy mujer de campo y aquí no tengo campos para arar, no hay huertos para cosechar ni animales a los que arreglar, ni una gallinita tengo para conversar con ella. Nunca los días se me hicieron tan largos, ni siquiera cuando tú estabas en el frente. Las horas me pasan lentas y yo me desespero. Este piso es muy pequeño, las baldosas nunca brillan, pero es de tanto que las lavo, creo que el brillo se lo ha comido tanta fregada. Me paso las horas ociosas esperando a las niñas. Fita llega primero, sobre las cinco de la tarde, si no se queda con Manoli a pasear por ahí. La fábrica del señor Hassan no para a mediodía, y a las cuatro y media, cuando echa el cierre, las bordadoras salen a pasear un rato por la avenida. Fita dice que necesita coger ideas. Tú no llegaste a conocerla, pero es un culo inquieto como tú, siempre está ideando algo. Rosa llega más tarde, sobre las ocho. El señor Paolo la deja comer en una habitación de la sastrería. Cuando se enteró de que la pobre se sentaba en un banco del parque durante la hora y media que tienen libre para comer, se ofreció a pagarle el autobús para que pudiera venir a casa, pero la sastrería queda justo en el otro lado de la ciudad, y venir a comer solo por quince minutos no merecía la pena, así que le puso un sillón en el almacén y le dio la llave para que pueda quedarse allí el rato de la comida. Rosa dice que es un sillón muy cómodo y que algunos días hasta le da tiempo para echar una cabezadita. Ha tenido mucha suerte de entrar en esa sastrería, parece que el señor Paolo es un hombre justo y, además de pagar bien, sabe agradecer los detalles que Rosa tiene, porque también te digo, cuando tienen algún trabajo urgente que entregar, ella no duda en quedarse un rato más, o todo el tiempo que haga falta. Fita no ha tenido tanta suerte. Allí en la fábrica el horario es mejor y le queda más cerca, pero el señor Hassan paga muy mal y las bordadoras se quejan de que solo les deja quince minutos de descanso para almorzar. De todos modos, ella dice que esto es provisional, que antes de un año ella tiene su taller de costura, que ni loca piensa pasarse ahí toda su vida, y si ella lo dice, así será. Esta hija nuestra es como tú, y como tu hermano Enrique, valiente y atrevida, confía mucho en ella misma y siempre está soñando con una vida mejor. No sé si desde donde estás las puedes ver, yo espero que sí, porque si las ves, estarás muy orgulloso de las dos. Los domingos van al baile en La Casa de España. Si las hubieras visto ayer, las dos tan guapas con el vestido de domingo... Fita con los labios rojos y la raya del ojo negra, y con unos tacones más altos que los de su hermana, esta hija nuestra no sé dónde parará, miedo me da, Casimiro, porque esta empieza ahora y yo te digo que no hay quien la pare. Sí, Casimiro, nuestras hijas ya hace tiempo que dejaron de ser niñas, con quince y dieciocho años son ya dos mujeres muy capaces de salir adelante sin mí. A veces me pregunto si mis hijas han tenido infancia. No hay infancia en la guerra, ni en la posguerra; todo son hombres, hombres y mujeres de ocho, siete y hasta de seis años. Ahora veo que mis hijas, aun siendo tan jóvenes, ya no me necesitan, saldrían adelante sin mí, y eso que por un lado me da tanta paz, por el otro me la quita, porque yo a ellas sí que las necesito, aquí me siento una carga, las veo tan valientes y tan autosuficientes, no me necesitan para nada, pero yo, ¿qué haría yo sin ellas aquí? El domingo me dijeron que fuera con ellas a La Casa de España. ¡Imagínate qué ocurrencia! ¿Qué iba a hacer yo en un baile sin ti, Casimiro? El que sabía bailar eras tú, tú hacías que yo pareciera la reina de la pista. Sabías llevarme tan bien que ni se notaba lo patosa que soy. Fita, que es una polvorilla, siempre me dice que todavía soy muy guapa, que si yo quisiera podría enamorar a un sultán. ¡Qué cosas tiene esta hija nuestra! Ella me dice: «Mamá, que papá murió hace mucho, él desearía que fueras feliz. No lo conviertas en tu verdugo, mamá. Él querría lo mejor para ti». Claro que sí, Casimiro, tú querrías que fuera feliz, pero no con otro, ¿verdad, Casimiro? Feliz pero sola, o contigo, pero no con otro. ¡Si te conoceré yo! Pues no tienes de qué preocuparte, amor mío, hace casi quince años que no te veo, pero ni un solo día de estos años he dejado de echarte de menos. Aunque quisiera, no sabría dejar de hacerlo. Hasta el día que me muera, te llevaré en el pensamiento. Tú fuiste mi amor y, por muchos años que yo viva, jamás podré querer a otro hombre como te quiero a ti.

Ya sé que es pronto, apenas llevamos unos meses aquí, pero aquí no encuentro mi sitio, estoy desubicada, no sé cuál es mi lugar. Me faltas tú, Casimiro. Aquí más que allí, siento que me faltas tú, y mientras llega el día de volverte a ver, necesito un trocito de tierra, un pedacito donde poder plantar algo para cuidarlo y verlo crecer. El sábado hablé con tu hermano, él me dice que tengo que darme tiempo, que todavía es muy pronto para acostumbrarme, dice que la vida aquí es diferente. ¡Y tanto que lo es, Casimiro! Por lo menos para mí, que, además de enjaulada, me siento completamente aislada. En España no sabía leer ni escribir, pero por lo menos sabía hablar, pero es que aquí ni siquiera entiendo, no tengo manera de comunicarme, y si me quedo en casa, es peor, las paredes se me caen encima. Así estoy aquí, sorda, ciega, muda y encarcelada. Si supiera coser, o hacer punto, a lo mejor podría ayudar a las niñas, pero yo lo único que sé es trabajar la tierra. Enrique también me dice que lo de este piso es solo provisional. Me ha prometido que él y Michelle nos ayudarán a encontrar una casita en la otra zona de Casablanca, más cerca del campo, donde pueda yo plantar algunas verduras, donde pueda ver el horizonte. Aquí hay mucho desierto, pero seguro que si la simiente es buena, y con un buen cuidado, algo bonito crecerá. Mientras llega la casita, he comprado dos maceteros, he plantado geranios y cada día me quedo mirando la maceta un buen rato, esperando ver alguna ramita despuntar, un trocito de vida nueva a la que aferrar la mía ya tan vieja, porque así me siento aquí, Casimiro, como una vieja ociosa y desubicada buscando un lugar donde no molestar demasiado. Michelle a veces viene a verme y a sacarme por ahí, pero ella me lleva a sitios muy finos que yo no puedo pagar. Me dice que no me preocupe por eso, pero me preocupo, claro que me preocupo, a mí me gusta invitar, no que me inviten. Tú querías venir aquí porque me decías que allí, en la casa de tu padre, nada era nuestro, pero ¿y aquí? Míranos aquí, todo es prestado, tampoco nada es nuestro, Casimiro. La casa de alquiler, el trabajo siempre provisional, en cualquier momento te pueden decir: «Mañana no vuelvas». Aquí no hay negocio por el que luchar, no hay tierras que cuidar ni casa que mantener, hasta la ciudad me parece a veces provisional. Fita y Rosa me dicen que la vida da muchas vueltas y que nunca se sabe lo que pueda pasar, que tal vez en unos años nos volvamos a España, pero yo las veo aquí tan acopladas ya, con un montón de amigos, tan llenas de ganas, de ideas nuevas y de proyectos, que dudo que llegue algún día en el que quieran volver, y eso no sabes cómo me entristece. Pensar que mis restos puedan quedar aquí, tan lejos de los tuyos... ¡Si por lo menos pudiéramos descansar en el mismo país! Aunque, bueno, como dice Amparo, eso qué más me da, ella me lo dice porque cree que cuando morimos se acaba todo, pero yo sé que no es así, sé que los caminos de ahí arriba llevan todos al mismo lugar, y estoy segura de que al girar alguna esquina tu y yo nos volveremos a encontrar.

Capítulo 24

Como siempre le ocurría con los libros de Lajos Zilahy, las horas se le fueron volando. De modo que cuando quiso darse cuenta, eran las ocho de la tarde. Tenía que darse prisa si quería llegar a tiempo. Cerró el libro, lo metió en la bolsa apresuradamente y salió disparado hacia Macy's. En efecto, cuando llegó estaba cerrado y ya empezaban a salir algunos empleados presurosos por la puerta lateral del callejón. Se escucharon risas y carcajadas, eran las empleadas de la sección de cosmética y perfumería, salían ya cambiadas con su ropa de calle, dejaban los uniformes en sus taquillas, solo las que necesitaban lavarlos los llevaban en la bolsa, Enrique conocía a algunas de ellas, a pesar de que, a estas horas de la tarde, la mayoría de ellas estaba irreconocible después de tantas capas de maquillaje. Eran las empleadas más jóvenes de Macy's y siempre armaban un gran jolgorio a la salida. Aquel día era viernes, y muchas salían dispuestas a bailar un buen rato en algún club de la sexta antes de regresar a casa. A esa hora, aquella puerta era un incesante río de personas saliendo a todo correr, cada cual a sus quehaceres, y Enrique, apoyado en la puerta de enfrente, al otro lado de la calle, aguardaba paciente y sin perder ojo la salida de Michelle. Poco a poco, las salidas se fueron espaciando, hasta que la puerta se quedó cerrada por un buen rato. Cuando ya había perdido la confianza y empezaba a pensar que tendría que regresar al día siguiente, pues probablemente Michelle había sido de las primeras en salir, la puerta se abrió una vez más y apareció ella buscando algo dentro de su bolso. Cuando levantó la cabeza y se apercibió de su presencia, sin saber muy bien por qué, su corazón empezó a latir con más fuerza. Ambos sonrieron y Enrique cruzó rápidamente la calle.

—Empezaba a pensar que estaba usted dormida por ahí dentro, quizá en la sección de colchones —dijo Enrique divertido.

Michelle sonrió ruborizada.

—¿Le gusta a usted salir última? ¿O tal vez seguía buscando las tijeras hasta que pasó el revisor para advertirle de que iban a cerrar? —continuó Enrique chistoso.

—El cerrojo de mi taquilla se atascó, tuve que llamar al de mantenimiento. Al final he tenido que dejar mi uniforme en la taquilla de mi compañera, pero ¿qué hace usted aquí? ¿Hay algún problema con la tela, señor mm...? —preguntó Michelle dirigiendo la mirada hacia la bolsa de Macy's que Enrique llevaba en la mano.

—Oh, no, no, ningún problema. Disculpe, Michelle, mi nombre es Enrique Martínez, soy español, y soy el comercial de ventas de la fábrica de telas Scot —dijo Enrique—. En realidad, había ido a su departamento para ver cómo iban las ventas, suelo hacerlo de vez en cuando. Janett siempre me muestra nuevas telas de otros proveedores, me explica de qué materiales están hechas y me cuenta para qué podrían servir. No llevo mucho tiempo en este mundo de la tela, pero el señor Scot me dio una gran oportunidad al confiar en mí, y no quiero defraudarlo. He descubierto que este mundo me gusta y estoy dispuesto a aprender cuanto esté en mi mano para seguir en la empresa —explicó Enrique.

—Oh, ya entiendo, por eso ha sido usted tan fácil de convencer. En realidad, venía ya convencido, le he vendido un corte de su propia tela —dijo Michelle decepcionada.

—Sí, pero lo ha hecho muy bien, creo que es usted capaz de convencer a cualquiera. Además, me ha ofrecido la mejor de las telas, la nuestra —dijo Enrique riendo divertido.

—¿Y qué hará usted ahora con un corte de tela tan caro? Con lo bonita que es, seguro que su futura mujer ya tiene algún vestido de esa tela —dijo ella.

—Pues no, creo que no tiene ninguno, por eso le pido que lo acepte —le contestó Enrique tendiéndole la bolsa mientras exhibía su mejor sonrisa.

Michelle parpadeo perpleja, sin saber cómo reaccionar, aquel chico le había gustado desde que lo había visto esa misma tarde en la tienda. Tenía algo en la sonrisa que lo hacía irresistible, y ese acento tan dulce la había cautivado en el mismo instante en que abrió la boca para pronunciar la palabra «hámster».

—Oh, gracias, pero no puedo aceptar, es una tela demasiado cara. Tal vez pueda usted regalársela a su madre, o a alguna hermana. ¿No tiene usted hermanas? —preguntó ella.

—Bueno, mi madre está en España, y, de todos modos, ya es muy mayor para darse un baño entre las nubes, y mi hermana en este momento está viviendo en Suiza con su marido. Este corte lo compré para ti. ¿Puedo tutearte, Michelle?

Capítulo 25

Querida Josefa:

¿Tú sabías que el amor se puede hacer despacito? Yo no. Yo siempre pensé que hacer el amor era un acto violento, apremiante. Mi Francisco así era, callado y silencioso para la vida, pero vehemente y acelerado en el amor. Por las noches se metía entre mis piernas con la urgencia de un corazón abierto, y allí se convertía en un toro bravo, en cada embestida tomaba un pedacito más de mi cuerpo, entraba casi a la fuerza, como quien entra en una plaza para conquistarla, y así seguía hasta tenerme vencida. Él nunca preguntaba ni pedía permiso para hacerme el amor, ni para eso tenía palabras, yo era suya y él tomaba lo que por derecho le pertenecía, y a mí me parecía bien,

lo dejaba hacer, porque me gustaba así, porque lo amaba y, ¿para qué nos vamos a engañar?, también para ver si me embarazaba. Nunca le puse reparos, nunca le dije que no. Por eso pensaba que así era como se hacía el amor. Pero ahora sé que el amor se puede hacer de muchas formas. Sí, Josefa, sí, me he acostado con Alfredo. Es un hombre mayor, pero no me da asco, me gusta su piel áspera y arrugada, y sentir cada noche el calor de su cuerpo cerca del mío. Las primeras noches dormimos en cuartos separados, pero no me gusta dormir sola, y, al fin y al cabo, es mi marido. Cuando la niña se despertaba en mitad de la noche, él se levantaba para ponerle el chupete o para preguntarme si necesitaba ayuda, y al final una noche le dije: «Quédate aquí». Yo sabía que era bueno, pero es tan sobrado a veces, tan seguro de sí mismo, que nunca imaginé que un hombre así guardara tanta ternura dentro. Se me arrima despacito, ronroneando como un gato en celo, pidiendo permiso, tanteando el terreno para no ofender, primero me roza una mano, después me huele el cuello, me aparta un mechón de la cara y hunde sus dedos en mi pelo, y así, poquito a poco, me va acariciando las entrañas hasta que se me queda clavado en el corazón, porque ahí llevo ya a este hombre, Josefa, en el mismo corazón. A lo mejor te parece mal que me acueste con él, te conozco y sé que eres una remilgada, Josefa, y que seguramente tú te irás al otro barrio guardándole el luto a tu Casimiro. A mí eso no me parece mal, pero digo yo que el respeto hay que darlo en vida, y si, como yo creo, Francisco me quería bien, con un amor de los de verdad, seguro que se alegraría de lo que estoy viviendo, porque Alfredo me quiere bonito, me cuida y me consiente, y yo intento hacer lo mismo con él. Y yo me pregunto a quién podría ofenderle un cariño como este. Al fin y al cabo, solo somos dos almas solitarias en busca de una segunda oportunidad. ¿A quién le hago yo daño metiéndolo en mi cama? Porque yo a ese Dios tuyo no le debo nada. ¿No dice tu Biblia que hay que someterse al marido? Pues ahora este es mi marido. Sí, sí, ya sé que tu Dios solo me deja yacer con él si es para procrear, y después de casi seis meses sin ver a la roja, está claro que yo ya no sirvo para eso. ¿Y que más me da eso a mí? Si, al parecer, nunca he servido. Tampoco me ha valido para nada mi intención al hacer el amor, porque si hay algo que tu Dios no me puede reprochar es la falta de intención. ¿Quién más que yo en este mundo ha hecho el amor con la mente puesta en la procreación? ¿Quién más que yo ha pedido al cielo un hijo cada vez que yacía con el marido? Pues ahora sí, ahora yo misma me confieso culpable, y esa religión tuya, castradora y represora, ya me puede señalar con el dedo, porque mientras Alfredo quiera y pueda, yo seguiré dejándole que me haga el amor por el puro placer de sentir su cuerpo sobre el mio y su piel sobre mi piel. Una mierda me importa a mí ser una pecadora.

Adela es muy buena. Me pregunto cómo pueden salirle los hijos tan buenos a la Juani, con lo mala que es ella, porque mira que es mala. El día que fuimos a firmar nos pidió mil pesetas de más y dijo que si no, no firmaba y que le devolviéramos a la niña. Ya la habíamos tenido en casa diecisiete días. Esa niña ya era toda mi vida, ni loca se la hubiese devuelto. El notario le dijo que eso no lo podía hacer, que teníamos un acuerdo. Intentó hacerla entrar en razón, pero Alfredo sacó las mil pesetas de más y le dijo: «Firma ahí y vete ya». Gracias a Dios ya no la hemos vuelto a ver. La niña nunca llora, solo alguna noche, pobrecita, porque quiere teta, y eso que Asunta viene a darle la última toma lo más tarde posible para que nos deje dormir, pero la pobre a veces a media noche tiene hambre. El médico dice que es una niña muy sana y que va muy bien de peso. Los primeros días perdió un poco, pero parece que eso es normal. También me dice que, aunque la leche de Asunta es muy buena, no tengo por qué preocuparme, pues con las leches de farmacia ahora los niños también se crían muy sanos y muy bien.

El lunes pasado comenzaron las obras en la horchatería. Alfredo dice que a ver si en tres o cuatro meses podemos inaugurar y celebramos el bautizo de Adela allí con chocolate y churros para los vecinos. Tú sabes que a mí lo del bautizo me da igual, pero parece que Alfredo quiere bautizarla, y tampoco le va a hacer ningún daño un poco de agua en la cabeza. Él dice que, al fin y al cabo, mientras nos gobierne Franco, mejor tener los sacramentos y nos evitamos problemas con el régimen.

Estoy muy ilusionada con la horchatería, Josefa. Cada día voy a ver cómo van las obras, quiero pintarla toda de blanco sucio, como es la horchata, pero le pondré también alguna cenefa marrón por el chocolate, había pensado ponerle Casa Adela, pero Alfredo dice que de eso nada, que la horchatería es mi sueño y que Adela cuando crezca ya tendrá los suyos, por eso ya ha encargado un cartel grandísimo con letras azules para la fachada que ponga: Horchatería Amparo. ¡Cómo me gustaría que las niñas y tú pudierais venir a la inauguración–bautizo! Ese día me faltaréis como ningún otro. ¡Qué razón tenía tu padre, Josefa! Las penas compartidas se dividen, pero las alegrías se multiplican, porque yo, solo por contártelas ahora en esta carta, ya las siento más grandes.

Escríbeme pronto, con esa letra tan fea que solo yo entiendo, y cuéntame cómo vais las chicas y tú. ¿Ya tienes tu trocito de huerto? Ojalá que sí, pero si todavía no lo tienes, insístele a tu cuñado, que él tiene contactos y seguro que pronto te encontrará algo en el campo, o tal vez cerca del mar. Un beso bien grande.

Tu amiga Amparo.

Capítulo 26

Josefa leyó la carta varias veces, volviendo atrás en cada palabra para asegurarse de que entendía bien lo que le contaba su amiga. Leía juntando sílabas y después palabras, despacito, tal y como le decía don Pelayo que se tenía que hacer. Algunas palabras todavía se le resistían, le parecían difíciles y la obligaban a probar con la frase una y otra vez, otras casi las deducía por el contexto. Cuando entendió que su amiga la llamaba remilgada le dio la risa, pero suspiró pensando que seguramente tenía razón, Amparo la conocía bien y, al fin y al cabo, era cierto que después de tantos años sin Casimiro, ella seguía sin verse casada con otro hombre y mucho menos haciendo el amor con él. Jamás la tocaría otro, pero a ella eso nunca le había preocupado, estaba bien sola, Casimiro sería para siempre el único hombre de su vida y así quería que fuese. ¿Qué más le daba a ella vivir de un recuerdo si al recordarlo era tan feliz? Cogió la foto de Casimiro, que la miraba siempre tan serio desde el portarretrato situado encima de la cómoda, y se la acercó a los labios. Al terminar de leer la carta de su amiga Amparo, la dobló y la volvió a meter en el sobre.

Ese día era martes, Fita y Rosa estaban en el trabajo y, aunque el día había amanecido nublado y bastante frío, Josefa tenía una tarea pendiente y necesitaba ir a la playa. Deslizó la carta en el primer cajón de la cómoda, donde guardaban todas las cartas que recibían desde España, y se dirigió a la cocina, allí se preparó un café bien caliente y un bocadillo. Vertió el café en el termo y se lo guardó en la bolsa junto con el bocadillo, la botella de agua y el libro que le había prestado Don Pelayo. También metió su cuaderno, el lápiz y una toalla pequeña; hacía demasiado frío para bañarse, pero tal vez, si el mar no estaba muy agitado, podría mojarse los pies, caminar por la orilla, ordenar sus ideas y conversar un rato con Casimiro. En su primer verano en Casablanca habían ido a la playa en varias ocasiones, pero siempre las llevaba Diego con el coche. Esta era la primera vez que iba sola, sin sus hijas, y la primera vez que iba en autobús. Pensar eso la ponía nerviosa, pero tenía que hacerlo, necesitaba ver el mar, llevaba muchas semanas pensando en visitar el mar, pero le parecía que estaba demasiado lejos. El trayecto era largo, tendría que cruzar la ciudad entera y no se atrevía a llegar sola hasta allí. Si se lo hubiese pedido a sus hijas, la habrían acompañado algún domingo, pero se pasaban la semana esperando que llegara el domingo para salir con sus amigos, así que no quería incomodarlas con sus caprichos. Trabajaban mucho de lunes a sábados y los domingos siempre tenían muchos planes y cosas por hacer. Ahora que había aprendido a leer, se sentía un poco más segura. Aunque sabía que todo estaba escrito en francés, por lo menos conocía las letras y se sentía más capaz de entender las indicaciones. Josefa salió de casa nerviosa pero decidida hacia la parada del autobús.

La tarde anterior, durante la clase le confesó a don Pelayo lo mucho que echaba de menos el mar y lo que daría por poder pasear un rato por la orilla. Le contó cómo la colmaba de paz quedarse quieta, muy quieta frente al mar, con los pies sumergidos en el agua y contar las olas que llegaban para lamerle las piernas y llevarse sus penas mar adentro. Le contó cómo le gustaba respirar el aire que le traía la brisa y cómo hacía muchos años que había descubierto que durante los meses de invierno el mar se pinta con otros colores y el viento allí, en la orilla, huele diferente, porque en invierno cambian los colores y los olores en todas partes, también en la orilla del mar. Le decía que en Valencia, además de los campos y las tierras, el mar era su lugar favorito para recargar energías, era su muro de las lamentaciones, el sitio donde podía soltar todas sus tristezas y reflexionar sobre sus cosas, y que cuando volvía a casa después de un paseo a solas por la orilla del mar, siempre volvía más ligera, con alguna idea nueva y con alguna decisión tomada. Don Pelayo, acostumbrado a escuchar a sus alumnos durante toda su vida, la escuchaba siempre con atención, escarbando entre sus gestos, leyendo entre líneas, para ver más allá de lo que sus palabras le decían.

—Si tan bien te sienta el mar, ¿por qué no vas mañana? Es martes, tu día libre, ¿no? —preguntó don Pelayo haciéndose el inocente, pues ya conocía la respuesta.

—Mis hijas salen muy cansadas del trabajo y no quiero molestarlas con mis cosas.

—Claro que no, deja a tus hijas que vivan su vida, y tú decídete a vivir la tuya, Josefa. No las necesitas para pasear un rato por la playa, no necesitas a nadie para hacer eso.

—Pero ¿cómo voy a ir yo sola, don Pelayo? Un taxi debe de valer más de lo que gano en una semana. No puedo gastar tanto en un capricho mío.

—Puedes gastar lo que quieras, Josefa, para eso trabajas, y no hay caprichos más importantes que los tuyos, pero, de todos modos, no te estoy diciendo que vayas en taxi, tienes razón, debe de ser muy caro, puedes ir en el autobús. Podrías ir todos los martes si quisieras —dijo don Pelayo atento a la reacción de Josefa.

—¿¡Yo sola!? ¿Y si me pierdo? Hay que atravesar la ciudad entera. ¡Ay, no sé, don Pelayo! Está muy lejos, yo solo conozco esta zona, por aquí me manejo bien, pero tan lejos ya me da cosa. Sola no voy don Pelayo. No vaya a pasarme algo.

—¿Y qué te va a pasar, Josefa? Has venido desde España ¿y ahora no te atreves a cruzar una ciudad?

—¡No es lo mismo! En el barco no me podía perder, iba con mis hijas, que saben leer y escribir. Además, Enrique nos estaba esperando en el puerto —contestó Josefa a la defensiva.

—Allí te estará esperando el mar. No te vas a perder, pero si te pierdes, te encontrarás, eres demasiado joven todavía para dejar que los miedos te detengan. Seguro que si te pasa algo, encontraras la manera de resolverlo. Confía más en ti, Josefa. No vas a atravesar el desierto, es solo una ciudad. Estará lleno de gente —contestó su maestro.

—Pues precisamente por eso, es gente a la que no entiendo y me da miedo meterme en un sitio raro o hacer algo incorrecto —contestó Josefa.

—Josefa, para moverse por el mundo solo necesitas dos cosas: un poco de sentido común y confiar.

—¿Confiar en quién? Hay mucha gente por ahí en la que no se puede confiar —dijo ella.

—Puede, pero hay muchísima más en la que sí se puede. Aférrate a esa idea. Vives en un mundo lleno de gente buena, eso es todo lo que necesitas saber al salir de casa.

Don Pelayo, acostumbrado a lidiar con las inseguridades de sus alumnos, la animaba, como hacía siempre, a no dejarse llevar por aquellos pensamientos suyos tan derrotistas e inhabilitantes. Le decía que todavía era muy joven para sentirse tan ignorante, que ella era mucho más inteligente de lo que pensaba. Le repetía que la única insuficiencia que tenía era la que ella misma se metía en el cerebro. Le aseguraba que era una mujer muy válida. «Tú vales mucho, Josefa. Eres tan buena como cualquier otra, ¿por qué no? Solo tienes que aprender a confiar un poco más en ti. ¿Es que no ves todo lo que has aprendido en solo unos meses?» Esa tarde don Pelayo, sonriéndole cariñosamente, le puso como tarea visitar el mar. Tenía que ir sola y anotar los olores, los colores y las sensaciones que le provocaba aquella primera salida en solitario por el mar de Casablanca. Le dijo que en las próximas ocasiones estaría encantado de acompañarla, pues también él era un gran amante del mar, pero la primera vez tenía que ir sola, para que tomase conciencia de que la mayoría de sus miedos solo estaban en su cabeza. Le escribió en un papel el nombre de las paradas, de manera que ella podría ir tachándolas con un lápiz. También le escribió el horario y el número de los autobuses que debería coger para regresar. Y le aseguró que confiaba plenamente en su capacidad para llegar.

Ahora Josefa había decidido que don Pelayo tenía razón. Hoy era martes y tenía todo el día para ella sola. Desde que el señor Hafid había regresado a su portería, tenía demasiado tiempo libre. Además de limpiar algunas tardes la casa de don Pelayo a cambio de las clases, también limpiaba algunas casas del edificio durante dos o tres horas por las mañanas, y el próximo fin de semana empezaba como ayudante en la cocina de un restaurante cercano. Los martes era su día libre y no tenía ninguna obligación. En casa nadie la esperaba. Fita, que era la primera en llegar, no llegaría hasta las cinco. Cuando pasó por el portal, saludó al señor Hafid, que apenas unos días antes había regresado a su portería; su nuera, recuperada por fin de una larga enfermedad que la había mantenido postrada en la cama durante varios meses, volvía a sentirse con fuerzas para ocuparse de su marido y de sus hijos, y el señor Hafid, que lo último que quería era molestar, había decidido volver a su portería.

De vuelta en casa, Josefa ya comenzó a percibirse a sí misma de manera diferente, algo en ella había cambiado. Aquella escapada en solitario para visitar el mar había plantado en su interior la semilla de una nueva mujer. Ese martes frío y gris de invierno, frente al océano, había comenzado a gestarse una nueva Josefa, una Josefa libre, valiente; una Josefa poderosa y decidida que, sin embargo, nunca llegaría a nacer.

Capítulo 27

¡Ay, Josefa! ¡Qué puñetero es ese Dios tuyo! Cuando le pides, se hace el sordo, y cuando dejas de hacerlo y te olvidas de él, entonces se te ofende y se decide a dar. Y ahora, ¿cómo te cuento yo esto, Josefa? ¿Cómo se cuenta un milagro? Pues te lo digo así, a bocajarro: voy a ser madre amiga. Sí, otra vez, solo que esta vez no tendremos que ir al notario, porque el niño lo llevo en el vientre. No hace falta que lo vuelvas a leer, no estás equivocando las palabras. Estoy embarazada, Josefa. Dos meses debo de llevar de embarazo, no pueden ser más porque solo hace dos meses que le dije a Alfredo que se quedara en mi cama. Hace unos días, al despertar por la mañana me sentí mareada y empecé a vomitar. Alfredo me dijo que a lo mejor estaba

embarazada. A mí me dio la risa. «Somos los dos demasiado mayores para eso», le dije. «Si antes ya lo tenía difícil, imagínate ahora, después de seis meses sin menstruar, y tú, con más de sesenta años tampoco tendrás los soldados muy rápidos. Será que algo de la cena de anoche me cayó mal al estómago». Pero al día siguiente otra vez me desperté vomitando, y al otro, y al otro. Yo me tomaba manzanilla con anís, pero no me aliviaba. Después de una semana tomando infusiones de hinojo, jengibre y manzanilla sin encontrar ningún alivio, Alfredo me obligó a ir al médico. Lo primero que le dije fue que no podía estar embarazada porque cuando Alfredo y yo empezamos a dormir juntos, yo llevaba seis meses ya sin ver la sangre, pero el médico me lo confirmó, estoy embarazada. Y ¿sabes qué es lo más gracioso, Josefa? Que estos dos meses he subido al carro casi más veces que durante los catorce años que estuve con Francisco, porque a Adelita la relaja el traqueteo, así que cada vez que Alfredo tiene que ir a algún sitio lo acompañamos. Ahora Alfredo y su hijo me tratan como si me fuera a romper en cualquier momento, todo son mimos y atenciones. Yo a veces todavía no me lo creo, porque cuando me miro en el espejo, me veo el vientre como siempre. Asunta me dice que todavía es pronto, que hasta los cuatro meses tal vez no lo note. Lo único que ya noto son los pechos más pesados, más duros, hay días que me duelen. No sé cómo Asunta puede soportarlos cuando los tiene llenos de leche. Habrás visto la foto que te mando de mi Adelita. ¡Mira qué guapa está mi princesa! Ya tiene cuatro meses y se me han pasado volando. La cosecha este año ha sido de las buenas, y Alfredo dice que sacará a buen precio las naranjas. De la chufa tampoco nos podemos quejar, parece que se está secando bien, y la próxima temporada tendremos buena horchata. Tú sabes que yo siempre he creído en los milagros, precisamente por eso, porque creo en ellos, porque sé que ocurren, y ocurren todos los días, estaba yo tan enfadada con Dios, y ahora me doy cuenta de que para que sea un milagro tiene que ser así, imposible, difícil de creer. A lo mejor al final voy a tener que reconciliarme con la vida, porque lo que estoy viviendo es todo tan bonito que no me va a alcanzar la mía entera para agradecer. ¡Qué razón tenías cuando me decías que nacimiento y mortaja del cielo baja! Porque tanto nacer como morir son dos cosas tan fáciles y a la vez tan difíciles; lo que para unos es tan posible, para otros es sencillamente inalcanzable. Y ¿sabes lo que te digo Josefa? Que esto es lo que me gusta de la vida, esta incertidumbre, esta aleatoriedad, esto de no poder dar nada por sentado, es lo que hace que la vida sea interesante.

Capítulo 28

—¡Es que tú eres tan estilosa, Manoli! A ti todo te queda bien —dijo Fita.

Estaban haciendo las pruebas del último modelo de blusa que habían diseñado. Esa temporada estaba de moda la manga más recta, sin tantos pliegues. Las señoras más modernas empezaban a cansarse de la manga de farol. En París, Coco Chanel estaba revolucionando la forma de vestir de las mujeres que ahora demandaban diseños más ligeros con los que sentirse más libres.

—Estilosas somos todas, Fita. Anda, ven aquí, mírate. —Y, poniendo a Fita frente al espejo, le puso un collar de perlas por encima de la blusa—. ¿Ves la diferencia? Te lo he dicho muchas veces, ¡un collar de perlas lo cambia todo! —dijo Manoli mirando a su amiga a través del espejo.

—¡Ay, no, no! Yo con las perlas no me atrevo —sentenció Fita volviendo a guardar el collar en el joyero que tenían sobre la cómoda situada frente al espejo.

Manoli y Fita se habían conocido en la fábrica del señor Hassan. Las dos eran las mejores bordadoras del edificio, hasta que un día, a la hora del cierre, entró una señora francesa en la fábrica pidiendo un modelo de vestido muy concreto. El señor Hassan se adelantó apresurado para aclararle a la señora que estaban a punto de cerrar, y que, además, aquello no era una sastrería ni un taller de costura, allí solo podían hacerle los bordados. Le dijo que algunas calles más arriba encontraría un taller de costura donde hacían vestidos a medida. La mujer le dio las gracias al señor Hassan y se fue. Fita cogió el bolso y se despidió. Cuando el señor Hassan dio la vuelta en la esquina, Fita tiró del brazo de su amiga.

—Venga, por favor, acompáñame, yo todavía no me aclaro bien con el francés —le dijo ansiosa a su amiga.

—Pero, ¿a dónde vamos? —preguntó Manoli.

—A buscar a la señora. ¡Corre! Tenemos que alcanzarla antes de que entre en el taller de Adila —contestó Josefa adelantándose.

_ ¡Pero, ¿para qué? ¿Qué te propones?! —preguntó la otra confundida corriendo tras ella.

—¡El mundo es de los valientes, Manoli! Esta es nuestra oportunidad, ¡corre!

Las dos amigas corrieron calle arriba como alma que lleva el diablo. Al doblar la segunda esquina, encontraron a la señora mirando hacia arriba, buscando el número de la dirección que el señor Hassan le había indicado. «¡*Mademoiselle*! ¡*Mademoiselle*!» Gritaron. La señora, al escucharlas, se dio la vuelta y las esperó sonriendo intrigada. Fita, con la respiración agitada por la carrera, abrió su bolso y sacó la revista que su tío Enrique le había traído de su último viaje a París y buscó entre las páginas hasta que encontró la foto. «Este es el modelo que usted busca, ¿verdad?» ·El rostro de la señora se iluminó. «Sí, sí, eso es, esa es la foto que vi. Es la misma revista que me trajo mi marido, pero no sé dónde la puse y la perdí». Era un vestido camisero con escote de pico y solapas muy pequeñas, abotonado desde arriba hasta la mitad de la falda, muy ceñido en la cintura y capeado en la parte de abajo. Tenía la manga francesa y era el vestido más bonito que Fita había visto jamás.

—Escuche, *mademoiselle*, la señora Adila cose muy bien, y seguro que es capaz de coserle este vestido tal y como usted desea, pero tiene tanta lista de espera que tal vez pueda usted estrenarlo cuando ya esté pasado de moda —dijo Fita sonriendo.

La señora, sonriendo también, la interrogó con la mirada, animándola a seguir.

—Verá, esta es mi amiga Manoli, muy buena con el patronaje —Manoli sonrió ruborizada, mirando a la señora—. Mi hermana Rosa es muy buena con el corte y en casa tenemos una máquina de coser que trajimos desde España. Si usted quiere, entre las tres podríamos tenerle su vestido listo antes de tres semanas, lo coseremos los fines de semana y en las tardes que tenemos libres. Además, le cobraríamos la mitad, y solo si usted queda contenta. Aquí tiene mi dirección por si al final usted se decide. —Le tendió un trocito de papel con la dirección anotada.

La señora se quedó mirando el trozo de papel y Fita se apresuró a aclarar:

—Por supuesto, no se preocupe usted si el lugar le queda lejos, para las pruebas nos desplazaremos nosotras al lugar donde *mademoiselle* nos indique. Que pase una buena tarde —dijo Fita sonriendo.

Pero cuando se disponían a dar media vuelta para regresar, la señora las detuvo con la mano y, sonriendo también, les dijo que no necesitaba entrar en el taller de Adila. Así fue cómo en menos de dos años y siendo Fita todavía una cría, Manoli, Rosa y ella habían conseguido levantar uno de los talleres de costura más reputados de Casablanca. Empezaron a frecuentarlo todas las señoras del protectorado francés, que por entonces se sentían más francesas que nunca. Gracias a las revistas y a los cortes de tela que Enrique les traía de todas las partes del mundo, se mantenían a la vanguardia de la moda, y las señoras más atrevidas pronto se convirtieron en clientas asiduas.

Tres años habían pasado desde aquel día. Ahora discutían sobre las perlas en un amplio taller que, si bien no era de su propiedad, estaba situado en una de las mejores zonas de Casablanca.

—De verdad, chica, no entiendo tus manías, ¿qué te pasa a ti con las perlas? No sé porque te niegas a usarlas, se nota que te gustan. Mira, mira cómo cambia un simple suéter negro con solo ponerle un collar de perlas —le dijo Manoli mostrándole una foto.

—Sí, sí razón no te falta, pero no, no puedo, me dan miedo las perlas —dijo Fita sentándose de nuevo delante de su máquina.

—¡¿Cómo?! —preguntó Manoli escandalizada por aquel comentario—. ¡¿Miedo de que?! ¿De que te las roben? También te pueden robar esa cadena de oro.

—Bueno, no te lo quería contar porque a ti te quedan tan bien y las llevas tan a gusto que no quiero malmeter —contestó Josefa.

—Venga, Josefa, cuenta, que me estás dejando muy intrigada. Ya sabía yo que algo raro te pasaba a ti con las perlas, porque gustarte, te gustan, eso se nota. ¿Por qué nunca las usas?

—Bueno, es que, en el pueblo, la señora Carmen decía que las perlas son lágrimas. Recuerdo que cuando llegaba alguna clienta de Valencia con un collar de perlas, en cuanto salía por la puerta, la señora Carmen nos decía: «Llevaba perlas. Esa seguro que llora». Así es que no puedo evitar pensar que si las uso, lloraré —contestó Fita.

Manoli soltó una carcajada.

—Eso son bobadas, Fita. Mira Chanel, la diseñadora esa famosa de las revistas, siempre aparece vestida con perlas. Lleva perlas por todas partes, y es la mujer más elegante del mundo. Y a tu cuñada Inés, ¿por qué se la ve siempre tan estilosa? Se las pone para todo. Además, contéstame a algo, ¿qué hace tu madre cada vez que le leéis una carta de su amiga Amparo? O ¿qué hiciste tú el otro día cuando Diego te pidió que te casaras con él? —preguntó Manoli.

—¡Uy! Pues no sé. ¿Qué hice? Decirle que sí —contestó Fita pensativa.

—Llorar Fita, llorar. Tu madre llora con las cartas de Amparo y tú te pusiste a llorar como una Magdalena cuando Diego se te declaró. Claro que le dijiste que sí, pero con la cara llena de lágrimas, porque las lágrimas no siempre son amargas, Fita, también podemos llorar de emoción, también nos salen las lágrimas cuando estamos muy contentos. Así es que esa señora Carmen tal vez no decía ninguna mentira, pero debería de explicarse mejor, porque lo que traen las perlas son emociones. Yo desde luego me las pienso poner el día de mi boda, y voy a ser una mujer casada muy feliz. Si lloro, será solo de felicidad.

Capítulo 29

La última vez que se vieron habían hablado sobre la posibilidad de ponerse teléfono en la casa. Michelle y Enrique ya hacía mucho tiempo que tenían uno privado, porque Enrique lo necesitaba para hablar con los clientes y con el señor Scot, pero Carlos decía que a ellos no les hacía ninguna falta, era un lujo demasiado caro, un gasto totalmente superfluo e innecesario del que, por el momento, podían prescindir, como hacía todo el mundo. Así que, para encontrarse, se visitaban personalmente o se mandaban recados con algún vecino, como habían hecho toda la vida. Algunas mañanas coincidían paseando por el mercado central, otras veces se encontraban en la cafetería de la Avenida Mohamed V, donde solían merendar las pocas mujeres del protectorado que todavía quedaban en Casablanca. Eran muchos los extranjeros que habían huido del país en los últimos meses. Hacía casi un año que las autoridades francesas habían destituido al sultán Mohamed V, que se negaba a abdicar, pero los altercados lejos de disminuir se habían ido recrudeciendo. Las disputas eran continuas, todos los días había reyertas en las que se tenían que lamentar varias muertes y la delincuencia callejera, amparada y camuflada entre las revueltas políticas, había crecido de tal manera que la seguridad ciudadana había desaparecido por completo. En pocos meses Marruecos se había convertido en un país peligroso para vivir. El sultán Mohamed V, refugiado en Córcega, esperaba su momento mientras los nacionalistas se iban reforzando.

Michelle sabía que, a pesar de todo, su cuñada no era de quedarse en casa. Ella no tenía miedo de nada, decía que eran tiempos para extremar la prudencia, pero nada más, que los periódicos siempre lo exageraban todo y en el protectorado podían estar tranquilas. Discusiones políticas toda la vida había habido, pero la vida seguía. Michelle la acusaba de ser una corredora, y a menudo bromeaba y le decía que si se caía la casa, seguro que a ella no la pillaría dentro, puesto que eran muchas las veces que se pasaba por su casa y no la encontraba. Sin embargo, esta vez ya eran demasiados días sin saber de ella y Michelle empezaba a estar preocupada. Fue el comentario de una amiga de Inés, cuyo marido también era militar, lo que la había terminado de alertar, pues al preguntarle Michelle por Inés, le dijo que a Carlos también andaban buscándolo, al parecer llevaba varios días sin presentarse en la base. Michelle se puso entonces muy nerviosa, aquello no era normal. ¿Estarían enfermos? Pero ¿tanto como para que ninguno de los dos pudiera abrir la puerta? Volvió a casa y decidió esperar, en dos días Enrique llegaría desde Shanghái, después de diecisiete días fuera de casa, entonces decidirían sobre la posibilidad de dar parte a la policía. Los dos días siguientes los buscó sin éxito como loca por toda la ciudad. Nadie los había visto en ningún sitio, ni siquiera los vecinos los habían visto entrar o salir en los últimos días. Las dos noches siguientes no pudo dormir, no consiguió conciliar el sueño. Cuando Enrique llegó y escuchó todo lo que Michelle le contaba, se fueron directamente a la policía. La policía les dijo que tenían que denunciar la desaparición, dado que se trataba de dos adultos, y sin una denuncia de por medio no podían entrar en la casa. Enrique denunció la desaparición de su hermana y su cuñado y acompañó a Michelle a casa, no quería que estuviese presente cuando entraran en la casa de Inés y Carlos.

Capítulo 30

—Guárdeme el secreto, don Pelayo.

—No te preocupes por eso, Josefa, tu secreto está a salvo conmigo, ya te lo he dicho muchas veces, pero te repito que no lo entiendo. No veo por qué tus hijas tendrían que reñirte, no haces nada malo —dijo su maestro.

—¡Uy, usted no las conoce! Ellas no quieren que me meta en jaleos, todavía me ven indefensa en esta ciudad y les da miedo que me pueda ver en apuros. Piensan que no sabría solucionarlo y quieren evitarme un mal rato —dijo Josefa.

—Eso es lo que tú crees, Josefa, y, seguramente, es lo que con tu actitud siempre les has hecho creer, pero ya es hora de que sepan quién es su madre de verdad. Ya no eres la mujer ingenua, indefensa e insegura que eras hace tres años, cuando llegaste. El tiempo y las circunstancias nos cambian a todos y tú ahora eres una mujer distinta. Ellas también son más mayores, han crecido mucho en estos años, ya no te necesitan como antes, y está bien que así sea, pero tú a ellas tampoco, no necesitas su aprobación para vivir a tu manera, y, además, tus hijas te quieren, así que no creo que les importe que te atrevas a hacer cosas que te hacen feliz —dijo Don Pelayo.

—Sí, ya lo sé, don Pelayo, pero desde lo de Inés y Carlos casi no me dejan ni salir de casa, dicen que la ciudad se está poniendo demasiado peligrosa. Me repiten que no me aleje demasiado. ¡Si Rosa hasta habló el otro día de la posibilidad de volver a España! Yo no me lo podía creer, pero parece que allí ahora están mejor. No sé, yo la verdad es que no las entiendo, porque ellas no paran quietas ni un minuto, la mayoría de los días solo vienen a casa para dormir.

—Pues razón de más, Josefa, si ellas no paran, ¿por qué vas a parar tú?

—¡Ay, no sé! A veces pienso: si me viera mi Casimiro de aquí para allá yo sola, como si fuera una de esas extranjeras tan modernas. Porque, don Pelayo, Casimiro era muy bueno, pero muy moderno tampoco era. Él era más bien de los de la mujer o con el marido, o en casa. Y míreme aquí, tomando cafés en el bar de Katerina, ¿qué le parece, don Pelayo? La primera vez que entré, hace tres semanas, por la noche no pude dormir del remordimiento —dijo Josefa—. En el pueblo las mujeres solas no entran en un bar, eso no está bien visto.

—Bueno, aquí las mujeres marroquíes tampoco lo hacen, pero, afortunadamente, tú eres española, y esto no es el pueblo. Además, deja de pensar ya en lo que diría tu Casimiro, que ya hace mucho que se fue.

Los martes se habían convertido en una forma de evasión para Josefa. No solo era su día libre, era también su única manera de sobrevivir en aquella ciudad una semana más. Las semanas habían ido pasando, y con ellas los meses, y, después de casi cuatro años, Josefa no había conseguido su trocito de tierra. Lo cierto es que ya había dejado de pedirlo. Sabía que sus hijas no querían moverse de la ciudad, a ellas no les gustaba el campo. El taller de costura había ido creciendo gracias a una clientela fiel entre las damas del protectorado, cuyos encargos les permitían vivir sin escasez. Trabajaban muchas horas diarias y además tenían aprendizas que las ayudaban cuando las demandas de sus clientas las superaban.

Josefa los fines de semana trabajaba en el restaurante y entre semana seguía limpiando casas, pero nunca los martes, ese era su día, su momento para cargar pilas y evadirse de la realidad. Los martes eran suyos, solo para ella, no quería compartirlos con nadie. Cada lunes se acostaba pensando en el mar. Con el paso de las semanas había aprendido a disfrutar del trayecto. Ahora la ansiedad que sentía al subir al autobús era muy distinta; ahora estaba ansiosa por descubrir la ciudad desde la ventana. Desde el otro lado del cristal se sentía turista en Casablanca y cada martes se transformaba en la Josefa que siempre había querido ser, una mujer fuerte y libre, una mujer poderosa que con el tiempo había conseguido amordazar bocas y acallar voces para escuchar solo la de su padre que cada martes, al subir al autobús, le repetía que el mundo es para los valientes.

Capítulo 31

Menos de tres horas después de interponer la denuncia, y gracias a los contactos de Enrique, la policía francesa ya había recibido la orden judicial necesaria para entrar en el domicilio de los desaparecidos. La cerradura no parecía forzada, por ello los cerrajeros se demoraron bastante en poder abrir. Cuando por fin la puerta cedió, lo primero que les llegó fue el fuerte olor. Todos los presentes sacaron pañuelos para cubrirse la nariz y la boca. Una vez abierta, la puerta parecía atrancada. Alguien había puesto un mueble para impedir la entrada. Le dieron un fuerte empujón y entraron. No era ningún mueble, era el cuerpo de Carlos que yacía en el suelo entre un charco de sangre con evidentes signos de violencia, el de su hermana Inés estaba más adentro de la casa, en la puerta de la habitación. Los dos presentaban un avanzado estado de descomposición, y Enrique, sin quitarse el pañuelo de la boca, identificó los cuerpos. Cerca del cuerpo de su hermana y debajo de la cama encontraron tres perlas sueltas. Tal vez se habían soltado de algún collar. Todo estaba muy revuelto, como si hubiesen estado buscando algo. La policía le preguntó a Enrique si a primera vista él podía echar algo en falta, pero Enrique, azorado y aturdido por lo que estaba presenciando, era incapaz de pensar con claridad. Él no sabía si su hermana tenía joyas o dinero, o si escondía algo que a otros les pudiera interesar. Su hermana era una mujer de su casa, normal, como todas, una mujer más de las del protectorado, y Carlos un buen hombre, militar de profesión, perteneciente al ejército francés desde hacía más de veinte años. Eran gente corriente, sin nada turbio en sus vidas y sin nada que esconder. No habían tenido hijos y sencillamente vivían su vida sin complicaciones y de la mejor manera posible. Después de varios interrogatorios a los más allegados, la policía franco–marroquí identificó a los culpables. Le confirmaron a Enrique que había sido un robo lleno de errores. En pocos días los detuvieron y de sus confesiones se evidenció que, a pesar de la condición de Carlos de militar francés, el asesinato no tenía móvil político. Los culpables, simples delincuentes, confesaron que habían entrado solo con la intención de robar, no reivindicaron ideas nacionalistas, ni tampoco la policía pudo encontrar ningún cariz político en los hechos, los tres eran menores de edad, por ello, a pesar de que fueron juzgados y declarados culpables, quedaron inmunes ante semejante atrocidad.

Por primera vez en su vida, Enrique se sintió vulnerable. Empezó a temer por los suyos y a pensar si tal vez deberían de regresar a España. Durante la guerra civil española, en la que Casimiro perdió la vida, Enrique y Michelle habían permanecido en Marruecos, en la zona francesa. La fábrica había seguido creciendo y comenzaron a exportar a toda Europa. Más tarde, durante la Segunda Guerra Mundial, la planta de Estados Unidos tuvo que cerrar varios meses, en cambio, la de Marruecos creció como la espuma, pues gracias a los contactos de Enrique con el ejército francés, así como a los inversores franceses, fue requisada por el gobierno, que los obligó a cambiar el material de producción. De modo que comenzaron a fabricar telas para material militar y los beneficios se dispararon exponencialmente durante los años que duró la guerra. Sin embargo, esta era la primera vez que Enrique temía realmente por los suyos, y agradecía que sus hijos estuviesen los tres fuera del país. Ese día comenzó a valorar la posibilidad de trasladarse nuevamente a Nueva York.

Capítulo 32

—¿Y los tuyos? ¿En qué sueñas tú, Josefa?

—¡Uf! Pues no lo sé. Yo creo que ahora no sueño, porque casi nunca recuerdo nada al despertar. Cuando murió Casimiro, estuve meses soñando que la tierra se movía y la casa de mi padre se tambaleaba. Me despertaba en mitad de la noche con el corazón acelerado y la respiración agitada, y hasta que no me aseguraba de que nada se movía bajo mis pies, no me volvía a dormir —dijo ella sonriendo.

—No me refiero a esos sueños, Josefa, yo te pregunto lo que sueñas cuando estas despierta.

—Despierta no sueño, don Pelayo. Las mujeres como yo no tenemos sueños de esos.

Don Pelayo la miró perplejo.

—¿Cómo son las mujeres como tú?

—¡Ay, no sé, don Pelayo! Me hace usted preguntas muy difíciles. Yo soy una mujer sencilla, ignorante. Los sueños de grandeza y todo eso son para las otras. Supongo que mis sueños no tienen demasiada importancia.

—Entonces, ¿qué la tiene? A mí no se me ocurre nada más importante.

—Bueno, pues sueño con ver a mis hijas casadas con hombres buenos, con verlas felices...

Don Pelayo la interrumpió.

—Sí, sí, todo eso está muy bien, pero esos sueños son para tus hijas. Yo te estoy hablando de tus sueños. Te lo preguntaré de otra manera: imagínate que tus hijas no están aquí, ya ves que la hija de Alicia se ha ido a vivir a los Estados Unidos con su marido, el americano. Olvídate de tus hijas y dime qué te gustaría tener, o hacer, qué desearías conseguir. Si mañana mismo se te concediera un deseo, ¿qué pedirías? —le preguntó su maestro—. Y no me hables de Casimiro, que él no puede volver.

Josefa callaba y miraba pensativa a través del cristal de la ventana del salón de don Pelayo mientras este esperaba, expectante pero paciente, como siempre, una respuesta.

—Bueno, yo... —continuó Josefa tímidamente girando la cabeza para mirar a los ojos de Don Pelayo —a mí lo que realmente me gustaría es volver a España. Desde que llegué aquí no encuentro mi espacio. Además, necesito a mi amiga Amparo. Ella es mi familia, la hermana que nunca tuve, y la necesito a mi lado. Siento que cuando ella está cerca, yo soy otra mujer. Solo por ella he aprendido a leer y a escribir, porque no quiero perderme nada de su vida, aunque solo sea por carta. Sé que si me fuera, echaría de menos a mis hijas, pero, al fin y al cabo, aquí ellas van a la suya, ya las dos con novio, tienen su vida, y tampoco quiero interferir en sus planes —concluyó Josefa.

—Si de verdad es eso lo que sueñas, si es eso lo que más deseas, empieza desde hoy a verlo como posible. Tienes que encontrar la manera de hacerlo, porque, precisamente, eso no es nada imposible. Si te viniste sin nada y estás saliendo adelante, te puedes volver con lo mismo y también lo harás. De todos modos y mientras ese día llega, dime: aquí ¿qué cosas te gusta hacer? Dime qué te hace sentir bien.

Josefa sonrió.

—Pues me gusta irme sola a la playa, don Pelayo. Usted ya conoce mi secreto. Me gusta sentarme frente al mar y hablar con Casimiro, le pido que no se me enfade, que, aunque me atreva a entrar en el bar de Katerina, yo lo sigo respetando, le digo que lo sigo amando y que espero que se sienta orgulloso de mí, porque yo creo que me estoy haciendo valiente. A lo mejor, para él aprender a leer y a escribir no es importante, pero yo, a usted se lo puedo decir, desde que aprendí sí que me siento más importante, y ¿por qué no?, también estoy más entretenida, porque esos libros que usted me deja me distraen tanto que ya casi no tengo horas de hastío en las que darles vueltas a las cosas.

—Me alegra escucharte decir eso, Josefa. Las mentes ociosas son las que no tienen vida; critican y opinan porque quieren la vida de los demás —dijo su maestro.

—Pues eso digo yo, que en el pueblo las que más critican siempre son las que más se aburren. Le debo mucho, don Pelayo. La vida entera no me alcanzará para agradecerle todo lo que usted ha hecho por mí. Nunca pensé que tendría un maestro ni que sería capaz de leer y escribir.

—Eso no me lo debes a mí, te lo debes a ti. Tú lo has hecho sola. Yo solo te he dicho cómo hacerlo —contestó el maestro.

Josefa sonrió agradecida por aquel comentario.

—¡Qué razón tiene mi amiga Amparo! Ella siempre dice que las vidas más bonitas son las que no habíamos planeado, las que nos sorprenden.

—¿Y qué crees tú? —preguntó su maestro.

—Bueno, yo no sé si son las más bonitas, pero seguro que son las más entretenidas. Mire a Amparo, embarazada a sus años. ¡Quién nos lo iba a decir! Me la imagino paseando orgullosa por el pueblo, con la barriga hinchada y con su Adelita en el cochecito. Pero así de caprichosa es la vida.

Capítulo 33

Vente, mi niña, vente. Hazle caso a don Pelayo, y si es eso lo que quieres, súbete al barco y vente ya. No lo pienses más, que aquí todos siguen hablando español, y a lo mejor así, por fin lo entiendes y aprendes a quererte de una puñetera vez. ¿Cuántas veces te lo he dicho? Pues ya veo que no son suficientes, porque sigues haciendo lo mismo. ¿Por qué te sientes siempre una carga para los que estamos a tu alrededor? Continuamente con la sensación de que te dan más de lo que tú puedes dar. ¿No te cansas de vivir eternamente en deuda con todo el mundo? ¿Qué hay en ti que te hace pensar que no mereces las cosas buenas? Sí, sí, que tu prefieres dar, que se te da mejor, pero no es nada bueno sentirte tan incapaz de recibir. No me cansaré de decírtelo, por ahí andas muy mal. Tú eres importante, mi niña, lo eres para mí, pero siempre te lo digo: tienes que serlo para ti, ponte a ti primero. Si las niñas te apoyan y volver a España es lo que más deseas, entonces, ¿qué es lo que te detiene? Sabes que mi casa siempre será tu hogar y a mí siempre me tendrás aquí. En la horchatería no falta el trabajo, y a Alfredo tampoco le irá mal una jornalera más. Yo te ayudé a criar a Rosa y a Fita, pues bien está que ahora me ayudes tú con Adela y Alfredito, que están para comérselos. Te mando la foto para que te den más ganas de venir. ¿Has visto tú niños más guapos alguna vez? Déjate de dudas, en mi vida y en mi casa siempre habrá un sitio para ti. Tú jamás podrías ser una carga. Claro que tengo a Alfredo, y que la vida me lo guarde muchos años, pero los amores verdaderos ni se pelean ni se excluyen. Tú eres mi familia, mi confidente, mi refugio; tú también me das mucho, mi niña, y yo también soy más feliz si te tengo cerca. ¡Qué buena eres, Josefa! ¡Y que poco valoras todo lo que tú das! Tampoco tienes que tomarlo como algo definitivo, puedes venir unos meses a ver cómo te sientes aquí. Vente, amiga, que sueño cada día con volver a verte. No lo pienses más, las niñas son ya mujeres con sus vidas y sus trabajos, pronto formarán sus propias familias, y así es como debe de ser. Dejémoslas que vivan su vida y tú vuélvete aquí conmigo y sigamos adelante con la nuestra, porque, al final, eso es la vida, niña, seguir adelante con lo que queda. Tú siempre dices que yo soy más fuerte porque cuando me caigo, me vuelvo a levantar. Y yo pienso: ¿Y qué otra opción tenemos? ¿Qué hacemos en el suelo? Porque te digo yo, Josefa, que caer no es nada bueno, pero mucho peor es no levantarse. A todos nos golpea la vida, porque así es el juego, pero ¿de qué sirve lamentarse por algo que ya fue? A mí nadie me iba a devolver a mi Francisco, ¿verdad? Y a nadie le iba a doler su ausencia más que a mí, pero cuando algo ya está hecho, si ya ha ocurrido, entonces tampoco hay demasiado que pensar ni hay nada que decidir. Una parte de mí se fue para siempre con Paco, murió con él, y sé que nunca regresará, pero la otra sigue aquí, con vida. Yo decidí entender por las buenas que ya nunca seré la de antes, pero ¿quién lo es? ¿Acaso no cambiamos todos con el devenir de los años? Todos aceptamos con normalidad habitar en diferentes cuerpos a lo largo de una vida, pues bien está que tengamos también varias mentes.

Como todo el mundo, yo juego mis cartas lo mejor que puedo, y si hoy me caigo, mañana me levanto, y si hay que llorar, pues se llora, se llora todo un río y más, pero caminando, y si el dolor te obliga a ir despacito, pues se va despacito, eso no importa, lo único que importa es seguir adelante, porque solo así se atraviesan los infiernos.

Capítulo 34

—¿Qué haces aquí fuera a estas horas? —preguntó Fita bajando del coche al ver a su hermana plantada en el portal de la escalera con cara de circunstancias.

—Esperándoos —contestó Rosa visiblemente nerviosa.

—¿A nosotros? ¿Para qué? ¿Qué te pasa, estás enferma? —preguntó Diego bajando también al advertir el plural utilizado por Rosa.

—Es mi madre, no está en casa. Llevo esperándola toda la tarde y no aparece. No está en ningún sitio. Nadie sabe nada de ella —contestó Rosa.

—¿Has preguntado en la tienda de Basima? —preguntó Fita intentando mantener la calma.

—Claro, es lo primero que he hecho al llegar a casa y ver que no estaba. Basima me ha dicho que hoy no la ha visto, pero que es normal, porque hoy es martes.

—¿Y eso qué tiene que ver? —preguntó Fita extrañada.

—Pues eso le he dicho yo, pero dice que los martes mamá nunca hace la compra allí —dijo Rosa—. Sí, la misma cara que tú he puesto yo, y entonces me ha dicho que tal vez, como es su día libre y dispone de más tiempo, los martes prefiere caminar un poco y hacer la compra en el mercado de la medina —contestó Rosa.

—¡Mamá a la medina! ¡¿Ella sola?! Eso no te lo crees ni tú. ¡Qué poco la conoce Basima! —dijo Fita, siempre acelerada.

—Sí, ya lo sé, ya se lo he dicho, que eso no podía ser, porque mamá tiene mucho miedo de perderse y, además, en la medina siempre se agobia mucho. Ojalá fuera eso, ojalá hubiese ido a la medina. Seguro que haría horas que estaría en casa, pero el señor Hafit dice que esta mañana la ha visto salir sobre las once y ya no la ha vuelto a ver en todo el día. Es muy tarde, Fita, me estoy poniendo nerviosa. Ella no haría esto si estuviese bien. Esté donde esté, debe de estar muy asustada, no le gusta estar fuera de casa tan tarde, y menos ahora, tal y como están las cosas en esta ciudad —dijo Rosa con ojos llorosos—. Por favor, Diego, acompáñanos a la cafetería de la avenida, tal vez todavía esté abierta y podamos usar el teléfono para llamar a la tía Michelle.

—Claro, vamos. Subid al coche —dijo Diego.

—Pero ¿y si vuelve mientras estamos fuera? El señor Hafid tendrá que acostarse. Id vosotros y yo espero aquí —dijo Rosa con cautela.

Pero el señor Hafid, al escuchar su nombre, salió al portal y les dijo que se marcharan a buscarla los tres tranquilos. Él también empezaba a sentirse inquieto, y hasta que Josefa no apareciera, no cerraría la portería, pasaría allí la noche si hacía falta.

Al oír el sonido del teléfono a esas horas de la noche, Michelle no pudo evitar ponerse un poco nerviosa; ese timbre le parecía inquietante a partir de ciertas horas. Enrique y sus hijos siempre intentaban llamarla en horario de Casablanca, precisamente para no inquietarla demasiado. Cuando escucho la voz de su sobrina en el otro lado de la línea, ya sabía que nada bueno podía ser. Intentó en vano tranquilizarlas, les dijo que iba a llamar a los hospitales y a la policía, y que, tanto si aparecía como si no, que volvieran a llamarla antes de que cerrara la cafetería.

Rosa y Fita colgaron el teléfono, convencidas de que su madre estaba en verdaderos apuros, pues sabían que aunque a Josefa la casa se le caía encima durante el día, era el único sitio en el que quería estar en cuanto comenzaba a anochecer.

Después de hablar con la tía Michelle preguntaron al dueño de la cafetería a que hora solía cerrar por la noche y este les dijo que esa era una noche especial pues debido a lo sucedido esa tarde todavía había mucha gente en la calle, por eso seguramente se demoraría en cerrar bastante más de lo normal. Fita y Rosa estaban tan nerviosas que no se apercibieron de la importancia de esas palabras. Subieron al coche de vuelta a la portería, con la esperanza de que su madre las estuviera esperando con el señor Hafid. Cuando llegaron, era Don Pelayo quien estaba con el señor Hafid.

—Yo sé dónde puede estar vuestra madre. Prometí guardarle el secreto, los martes eran solo suyos y no quería contaminarlos con opiniones ajenas, pero esta tardanza me obliga a romper mi promesa. Yo también estoy preocupado y prefiero que vayáis a buscarla, aunque se enfade conmigo —dijo don Pelayo.

Rosa y Fita se miraron intrigadas.

—Desde hace algunos meses, Josefa pasa los martes en el mar —continuó don Pelayo.

—¡¿En el mar?! ¡Pero si estamos en invierno! ¡Además no sabe nadar! —dijo Fita ansiosa.

—Y ¿con quién va? Don Pelayo, por favor, cuéntenos todo lo que sabe. ¿A qué zona va? ¿En qué playa la buscamos? —Le pidió Rosa más calmada que su hermana.

Capítulo 35

Ese día era martes, su último martes en Casablanca. El domingo siguiente embarcaría de regreso a España. No sabía por cuánto tiempo, aunque eso ahora tampoco importaba demasiado, había aprendido que, después de todo, es la vida la que marca las fechas cada vez que nos impone sus planes sin pedir permiso. Diego, el prometido de Fita, las acompañaría con el volvo hasta el puerto de Rabat, donde partiría ella sola de regreso, rumbo a una nueva etapa de su vida. Sabía que durante el viaje le iban a sobrar horas para llenarse de mar, pero este mar, el mar de Casablanca era muy diferente. Aquí los azules eran más oscuros, las ráfagas de viento más fuertes y las olas más grandes. Este era su mar, su mar secreto, su mar transformador, el lugar donde cada martes renacía, aquí lo soltaba y lo recuperaba todo. En el paseo de ida, se vaciaba, iba soltando los pesares, achicando penas, liberando dudas, hasta sentir el cuerpo liviano y la mente tranquila; y en el de vuelta, se llenaba otra vez de ganas, de sueños nuevos y ambiciones secretas que nunca se atrevería a confesar. Cada martes, frente al océano, aspirando el aroma que le traía el viento, se sentía renacer. Le gustaba imaginar que ese aire fresco que le regalaba el mar llegaba siempre de tierras lejanas cargado de posibilidades para inocularle en cada aspiración nuevas energías, nuevas fortalezas con las que continuar.

Sentía en cada paseo la fuerte brisa del océano alborotando su pelo, acariciando su piel y acallando su mente, para liberarse en cada paso de un trocito más de esa Josefa temerosa de la vida, esa mujer timorata y contenida que ya no le gustaba ser, y cuando por fin se sentía henchida de la fortaleza y del coraje necesarios para convertirse en la mujer que ahora quería ser, regresaba nuevamente a su día a día, convencida de que así es cómo se construyen las vidas, despacito, pero sin entretenerse, con cambios pequeños pero constantes, porque con los grandes no todos se atreven.

A pesar del fuerte oleaje, tampoco en ese, su último martes, se pudo resistir a mojarse los pies en las aguas del Atlántico. El paseo de ese día fue tan reconfortante como el de cada martes. Agradecida al atlántico por todo lo que durante los últimos meses le había ofrecido y sintiéndose bendecida por la vida, dobló la carta y la guardó entre las páginas del libro. Se metió en la cafetería de Katerina, quien, al verla entrar, se dispuso a prepararle el café con leche que siempre pedía. En cuatro años no había conseguido acostumbrarse al té con menta. No era mujer de tés; las infusiones eran para remediar males. En las meriendas siempre bebía café con leche y alguna madalena para mojar. «¡Hoy último día aquí! Domingo yo España ». «¡Oh, lástima! ¡¡Echar de menos a ti los martes!!» Entre gestos y sonrisas, se despidió de la mujer y salió hacia la parada del autobús.

Ya de vuelta a casa, sentada en el asiento del autobús, no pudo evitar pensar qué irónica es la vida algunas veces; Tanto tiempo había evitado llegar hasta el mar por temor a perderse, y, sin embargo, fue allí donde se encontró.

Capítulo 36

Volvieron otra vez a la cafetería para llamar de nuevo a Michelle y comunicarle lo que habían averiguado. Le contaron todo lo que Don Pelayo les había dicho, y cuando su tía escuchó dónde estaba Josefa, rompió a gemir. «¡Ay, no!! ¡¡Ay, no!! ¡Ay, no!! ¡¡Ella también, no!!».

Capítulo 37

Cuatro años, para algunas cosas, son solo cuatro años, pero para otras, en cambio, son cuatro largos años. No sé cómo habrá cambiado España durante mi ausencia, por lo que me cuenta Amparo, allí lo único que ha cambiado es su vida. Dice que el pueblo sigue siendo el mismo y que la gente sigue siendo igual. Aunque, ¿quién sabe?, a lo mejor las mujeres ya pueden entrar solas en un bar sin tener que ser la comidilla del pueblo al día siguiente. No sé, Casimiro, no sé cómo habrán cambiado los demás, pero sí que sé cómo he cambiado yo. Una parte de mí siempre será tu Josefa, esa mujer apocada y tímida con la que creciste, pero tú te fuiste, amor mío, y yo me quedé aquí, sola, sin ti, y yo no sé cómo será el tiempo ahí en la eternidad, pero aquí abajo, en la Tierra, el tiempo es lo que es, y aunque algunas veces nos pueda parecer lo contrario, las vidas nunca se detienen, las vamos construyendo y reconstruyendo con lo que nos queda y con lo nuevo que vamos encontrando por el camino, y Dios quiso poner dos ángeles en el mío. Dos ángeles que, además de a leer y a escribir, me enseñaron lo poco que sé y lo mucho que me queda por aprender. Eso es lo que me dice Amparo, que la vida es la única lección que nunca llegamos a dominar, y que todos tenemos mucho por aprender. Amparo es mi ángel, Casimiro. A lo mejor me la mandaste tú, porque entró en mi vida cuando tú te fuiste. ¿Te acuerdas de la horchatera, la vecina de la casa de mi padre? Ella se convirtió en mi bastón. Me la mandaron desde el cielo para hacerme la vida más fácil aquí en la Tierra. Es una mujer sabia, nunca juzga ni critica la forma de hacer de los demás, su vida es su mejor lección y nunca da sermones, solo ejemplos, porque Amparo no es de las que habla, es de las que hace. Y tanto que hace. Ella siempre dice que solo pensando no se hacen las cosas, y que las cosas bonitas, los verdaderos sueños se luchan hasta que se consiguen.

A las niñas siempre les daba media peseta en Navidad. Una vez le dijo a Fita: «Guarda un poco en la cajita para la bicicleta». «No tía, ya no quiero la bicicleta, he cambiado de sueño. Ahora lo que quiero es una máquina de coser para hacer vestidos a las muñecas». «Entonces no digas que la bicicleta era tu sueño, solo era un capricho, porque los sueños no se cambian, los sueños se cumplen». Una soñadora con los pies en el suelo, así es como ella se define, y así es de verdad, porque nunca deja de soñar. En su última carta me mandó una foto de la horchatería en la que aparece ella muy sonriente detrás del mostrador, y allí arriba, a su espalda, al lado de las botellas de coñac, se puede ver la caja. Es una caja de esas de latón que venían llenas de galletas. Rosa y Fita las usan para guardar las bobinas de hilo. Amparo decía que esa era la caja de sus sueños, y cada día guardaba algo de dinero, en la parte de fuera se podía leer la palabra «Horchatería», con letras bien grandes pintadas de color azul. Todavía puedo ver su cara de orgullo cada vez que abría aquella lata para meter algunas pesetas más. Yo le decía: «Solo son siete pesetas». «Y ¿qué más da eso, Josefa? Ya estoy siete pesetas más cerca de mi sueño», respondía. Entonces cerraba la lata y acariciaba las letras azules con la yema de los dedos. La de la foto es la misma caja, todavía la conserva, solo que ahora ha pintado unas letras de color verde encima en las que pone «universidad».

Esa es mi Amparo, siempre centrada en sus sueños, atenta a la ocasión. Ella dice que hay grandes cosas que se hacen poquito a poco, y que lo importante es no perder de vista el objetivo, ese es el secreto para conseguir cosas en la vida. Una vez le dije que yo no tenía objetivos. «¡No vuelvas a decir eso!» Me dijo. «Claro que los tienes Vivir, Josefa, vivir, ese es el mayor objetivo». Porque Amparo lo tiene claro, dice que la vida es un regalo y que está muy feo despreciar un regalo. Dice que todas las vidas pueden ser hermosas si nos lo proponemos, a pesar de las lágrimas, de los malos momentos y de las decepciones que todos sufrimos, la vida es lo más bello que tenemos, y no parece demasiado inteligente desaprovecharla o descuidarla en manos de otros.

Todavía recuerdo cuando Fita venía llorando del colegio. «Es que Clara ha dicho que soy una boba». «Y ¿qué más da? Lo que importa es lo que tú te dices a ti. ¿Tú eres una boba?» «¡Claro que no!» Contestaba Fita rabiosa, llorando a moco tendido. «Entonces deja de llorar, o le estarás dando la razón». «Pero tía, tú no lo entiendes, ahora las otras no quieren jugar conmigo. Ya no tengo ninguna amiga». «Tienes a la mejor, te tienes a ti».

Sí, te tienes a ti, ella solita, y mira tú si ha sabido salir adelante. Además, sin quejas, sin un «¿por qué a mí?» No, qué va, ella no se entretiene en lamentaciones gratuitas, no desperdicia energías pensando en lo que podría haber sido o en lo que ya fue. Cuando le cierran un camino, Amparo se detiene y busca otro, pero no se da por vencida ni se entretiene mirándose los rasguños; ella respira hondo y sigue adelante, siempre convencida de que lo mejor está por llegar, segura de que un poco más adelante está la sorpresa.

«Vente, mi niña, vente», me dice Y ¿cómo no me voy a ir? Ningún lugar en el mundo se me hace tan amable como al lado de esa mujer.

Capítulo 38

Don Pelayo es mi otro ángel, mi ángel de Casablanca, desde el primer día que me lo crucé en la escalera y me explicó con esa mirada tan dulce y esa paciencia suya cómo llegar hasta la tienda de Basima, me di cuenta de lo buen maestro que habría sido antes de retirarse. Después, cuando veía la cantidad de estudiantes que venían cada semana a visitarlo, comprendí que no me equivocaba. Esa dulzura que tiene para contar y esa discreción para tapar las faltas de sus alumnos, siempre atento a mis equivocaciones, para corregirlas con ternura, sin aspavientos, sin humillaciones, corrigiendo mis desatinos diez, veinte y hasta treinta veces si hace falta «¡Ay, perdóneme! ¡Qué boba soy! Otra vez he vuelto a escribir hambre sin h. ¡Con la de veces que me lo ha dicho usted!» «No pasa nada, Josefa. A mí también me lo dijeron muchas veces y yo decía que siempre me la comía porque siempre tenía el estómago vació». Entonces nos reíamos los dos y a mí ya no se me volvía a olvidar la h en la palabra hambre. Don Pelayo ha sido mi maestro en la escuela y mi maestro en la vida. Ese hombre solo me ha traído dicha. Por él me atreví a renacer, solo a él le debo ser la mujer valiente que hoy soy, porque don Pelayo no solo te corrige la ortografía, ese hombre también tiene la capacidad de corregir las mentes. Entra despacito, sin arrasar, sin hacerse notar, para hacerte ver, porque así es como de verdad se aprende, cuando te hacen ver, y a mí me hizo ver muchas cosas. Con él he aprendido que ningún ser humano, sea hombre o mujer, es dueño de la vida de otro, que todas las vidas son igual de valiosas, también la mía. Me repite que, aunque yo sea mujer, no necesito la aprobación de nadie para vivir como me gusta, y menos la de un hombre que está muerto. No te enfades, Casimiro, ya te he dicho que él te hace ver, y a mí me hizo ver que la imagen que en mi mente existe de ti es la única que conocí, pero, tal vez, si tu vivieras, me animarías a entrar sola en el bar de Katerina como lo hago, o a estudiar, o a leer libros, o a ponerme los vestidos con más escote, como los de las francesas, o a viajar. Él dice que para mí siempre serás el Casimiro que se fue, pero los tiempos cambian, y si estuvieses aquí, tú también habrías cambiado y estarías orgulloso de la Josefa que ahora soy.

Por este hombre llegué al mar, por este hombre me aficioné a los martes, y cada día al subir al autobús siento la libertad de ser verdaderamente quien soy. Durante el trayecto va despertando dentro de mí la verdadera Josefa, esa de la que tan orgullosa me siento, pero que algunas veces todavía me da apuro mostrar; esa que entre él y Amparo han conseguido sacar, a fuerza de paciencia, esculpiendo con cada buen consejo. «Vete al mar, mi niña, vete. No dejes de ir, no dejes que los miedos te detengan. Ellos no están ahí para eso, están para hacerte sentir invencible». Me fui esculpiendo con cada mirada tierna de don Pelayo, esa mirada que, sin él saberlo, tanto me transmite; esa mirada tan sabia como dulce, con la que me dice que no soy rara, que no me dé por vencida, y que yo, como todas, puedo ser lo que quiera ser; esa mirada que me invita a liberarme de prejuicios, a soltar miedos y vergüenzas, y, de una vez por todas, a vivir sin pedir permiso.

Capítulo 39

La detonación tuvo lugar a las tres de la tarde, en el autobús que hacía la línea de acceso a la ciudad desde la playa, frecuentada usualmente por ciudadanos franceses. Afortunadamente, era un día laboral, así que muy pocas personas viajaban a esa hora. La policía franco–marroquí había contabilizado un total de seis personas fallecidas y dieciocho heridos de diversa gravedad. El atentado todavía no había sido reivindicado por ningún grupo político, pero la policía lo atribuía al nuevo ejército de liberación, que actuaba en respuesta a los últimos actos violentos del gobierno francés. Este ejército fue creado para constituir un movimiento de resistencia frente a la ocupación y su meta era la vuelta del sultán Mohamed V y la independencia de Marruecos. Hacía tiempo que se esperaban represalias por parte de los independentistas, partidarios de Mohamed V. Entre los muertos, todos ellos de origen francés, se contabilizó el cuerpo de una mujer de nacionalidad española de cuarenta y seis años de edad.

Cuando las autoridades entregaron a Rosa y a Fita el cuerpo de su madre, entre los efectos personales que esta llevaba en el momento de la explosión, encontraron un termo vacío, una toalla, un lápiz, una libreta y un libro. Cuando Fita lo cogió, de entre las páginas de éste, se deslizó una carta manuscrita.

Querido Casimiro:

¡Qué caprichosa es la memoria! Algunas veces se lleva de un soplo días, meses, y hasta años enteros, de nuestra historia más reciente. En cambio, es capaz de retener, durante toda una vida, tan solo un minuto, apenas un instante de nuestra existencia. «Di que sí, Josefa, por favor, di que sí». ¿Te acuerdas, Casimiro? Me dijiste que hay que apuntar alto, y por fin he entendido lo que eso significa. Significa que todas las personas del mundo somos iguales, da igual el color de nuestra piel, la religión que profesamos, nuestro sexo o el lugar del mundo en el que hayamos nacido, porque a todos se nos reparte una vida al nacer, solo una, y merecemos vivirla como nos diga el corazón. Significa que todos tenemos derecho a convertirnos en quienes queremos ser. Tu hermano me lo dijo un día, «no somos gatos, Josefa, a los humanos solo nos reparten una por cabeza». Y tenía razón, solo tenemos una, y se necesitan agallas para cambiar un destino, para

transformar la imagen que tenemos de nosotros mismos y del mundo, y abrirnos a nuevas experiencias. Tú las tenías. ¡Y tanto que las tenías! Porque se necesitan agallas para apuntar alto y tú lo hacías.

Yo, Casimiro, vine aquí sin querer venir, vine a vivir tu sueño, porque pensé que te lo debía, pero aquí aprendí que todos tenemos nuestros propios sueños, y nadie puede vivir el sueño de los demás. No funciona así, por eso no podía salir bien. Casablanca no era mi sueño, nunca lo fue. Pero hoy veo que sí era mi destino, yo tenía que llegar aquí para encontrar a la mujer que algún día perdí, no sé cuándo ni dónde, pero un día salió de mí para viajar hasta aquí, escondida, tal vez, en el maletero de un Ford, en mil novecientos treinta y seis, aquel día que me negué a venir, y hasta aquí llegué para recuperarla. Ahora ya estoy lista para volver; vuelvo porque quiero, porque quiero y porque me quiero. No estoy huyendo de nada, sencillamente voy a por lo que deseo. He aprendido a no conformarme con menos, me merezco ser feliz, como cualquier ser humano, como todos lo merecemos. «Vete, Josefa, vete, que el mundo es para los valientes», me decía mi padre, y tenía razón, porque aquí por fin he encontrado a la Josefa valiente, la que necesito para volver, para vivir allí, que es donde quiero vivir.

Me vuelvo a España, a mi Valencia, a mi tierra, a mis campos y al Mediterráneo. Vuelvo a ti.

Fin

EPÍLOGO

Gracias a los contactos de Enrique, el gobierno francés sufragó los gastos de repatriación y el cuerpo de Josefa fue enterrado junto a los de sus padres, José y Rosa, en el cementerio de Valencia. Muchos, muchos años después, las múltiples y constantes peticiones de los familiares con su empeño, su constancia y su profunda resistencia al olvido, así como la nueva ley de la recuperación de la memoria histórica, consiguieron conmover conciencias, hasta que, finalmente, un estudio encargado por el Ayuntamiento de Villafranca del Penedés permitió la exhumación de los huesos para determinar así la identidad de los cuerpos enterrados en la fosa común. Después de varios meses de trabajo, en febrero del dos mil cinco, uno de los cuerpos pudo ser identificado como el de Casimiro Martínez, y fue entregado a sus nietos. Por deseo de Fita y Rosa, fue enterrado en la misma fosa en la que descansaba el cuerpo de Josefa, de modo que Casimiro y Josefa unían no solo sus almas, ahora también sus cuerpos, pues sus restos yacen desde ese día y para siempre, fundidos en un abrazo infinito, reposando tranquilos sobre su amada tierra, bajo la hermosa luna de Valencia, por toda la eternidad.

AGRADECIMIENTOS

Quiero agradecer a Rosa García Brunches, por ayudarme en cuestiones informáticas a enviar esta novela a dos concursos literarios, aunque finalmente no la hayan considerado merecedora de premio en ninguno de ellos.

Y a Carolina Moncho Ferrando, mi Carol, mi primera lectora siempre, por confiar en mis posibilidades y alentarme a seguir escribiendo desde el primer día que comencé ha hacerlo, por su infinita paciencia al leer los capítulos de esta novela que yo poco a poco le iba pasando, por animarme siempre a perseguir mis sueños y sobre todo por esa capacidad suya de ponerse la piel de gallina para hacerme creer que no lo hago tan mal.

www.ingramcontent.com/pod-product-compliance
Lightning Source LLC
LaVergne TN
LVHW091309150826
845673LV00006B/1592

* 9 7 8 8 4 1 0 1 7 7 2 0 8 *